2nd Edition

CHINESE MADE EASY

3

Textbook

Simplified Characters Version

轻松学汉语（课本）

Yamin Ma
Xinying Li

CHINESE MADE EASY

Joint Publishing (H.K.) Co., Ltd.
三联书店（香港）有限公司

Chinese Made Easy *(Textbook 3)*
Yamin Ma, Xinying Li

Editor	Chen Cuiling, Luo Fang
Art design	Arthur Y. Wang, Yamin Ma, Xinying Li
Cover design	Arthur Y. Wang, Amanda Wu
Graphic design	Amanda Wu
Typeset	Feng Zhengguang, Amanda Wu, Lin Minxia

Published by
JOINT PUBLISHING (H.K.) CO., LTD.
20/F., North Point Industrial Building,
499 King's Road, North Point , Hong Kong

Distributed in Hong Kong by
SUP PUBLISHING LOGISTICS (HK) LTD.
3/F., 36 Ting Lai Road, Tai Po, N.T., Hong Kong

First published February 2002
Second edition, first impression, July 2006
Second edition, tenth impression, August 2012

You can contact us via the following:
Tel: (852) 2525 0102, (86) 755 8343 2532
Fax: (852) 2845 5249, (86) 755 8343 2527
Email: publish@jointpublishing.com
http://www.jointpublishing.com/cheasy/

轻松学汉语 (课本三)

编　著　马亚敏　李欣颖

责任编辑	陈翠玲　罗　芳
美术策划	王　宇　马亚敏　李欣颖
封面设计	王　宇　吴冠曼
版式设计	吴冠曼
排　版	冯政光　吴冠曼　林敏霞

出　版	三联书店 (香港) 有限公司 香港北角英皇道499号北角工业大厦20楼
香港发行	香港联合书刊物流有限公司 香港新界大埔汀丽路36号3字楼
印　刷	中华商务彩色印刷有限公司 香港新界大埔汀丽路36号14字楼
版　次	2002年2月香港第一版第一次印刷 2006年7月香港第二版第一次印刷 2012年8月香港第二版第十次印刷
规　格	大16开 (210 x 280mm) 136面
国际书号	ISBN 978-962-04-2588-2

©2002，2006 三联书店 (香港) 有限公司

Acknowledgments

We are grateful to all the following people who have helped us to put the books into publication:

- Our publisher, 李昕，陈翠玲 who trusted our ability and expertise in the field of Mandarin teaching and learning, and supported us during the period of publication
- Professor Zhang Pengpeng who inspired us with his unique and stimulating insight into a new approach to Chinese language teaching and learning
- Mrs. Marion John who edited our English and has been a great support in our endeavour to write our own textbooks
- 张谊生, Vice Dean of the Institute of Linguistics, Shanghai Teachers University, who edited our Chinese
- Arthur Y. Wang, 于霆，万琼，高燕，张慧华, Annie Wang for their creativity, skill and hard work in the design of art pieces. Without Arthur Y. Wang's guidance and artistic insight, the books would not have been so beautiful and attractive
- 梁玉熙 who assisted the authors with the sound recording
- Our family members who have always supported and encouraged us to pursue our research and work on this series. Without their continual and generous support, we would not have had the energy and time to accomplish this project

INTRODUCTION

■ The series of *Chinese Made Easy* consists of 5 books, designed to emphasize the development of communication skills in listening, speaking, reading and writing. The primary goal of this series is to help the learners use Chinese to exchange information and to communicate their ideas. The unique characteristic of this series is the use of the Communicative Approach adopted in teaching Chinese as a foreign language. This approach also takes into account the differences between Chinese and Romance languages, in that the written characters in Chinese are independent of their pronunciation.

■ The whole series is a two-level course: level 1 – Book 1, 2 and 3; and level 2 – Book 4 and 5. All the textbooks are in colour and the accompanying workbooks and teacher's books are in black and white.

COURSE DESIGN

■ The textbook covers texts and grammar with particular emphasis on listening and speaking. The style of texts varies according to the content. Grammatical rules are explained in note form, followed by practice exercises. There are several listening and speaking exercises for each lesson.

■ The textbook plays an important role in helping students develop oral communication skills through oral tasks, such as dialogues, questions and answers, interviews, surveys, oral presentations, etc. At the same time, the teaching of characters and character formation are also incorporated into the lessons. Vocabulary in earlier books will appear again in later books to reinforce memory.

■ The workbook contains extensive reading materials and varied exercises to support the textbook.

■ The teacher's book provides keys to the exercises in both textbook and workbook, and it also gives suggestions, such as how to make a good use of the exercises and activities in order to maximize the learning. In the teacher's book, there is a set of tests for each unit, testing four language skills: listening, speaking, reading and writing.

Level 1:

■ Book 1 includes approximately 250 new characters, and Book 2 and Book 3 contain approximately 300 new characters each. There are 5 units in each textbook, and 3-5 lessons in each unit. Each lesson introduces 20-25 new characters.

■ In order to establish a solid foundation for character learning, the primary focus for Book 1 is the teaching of radicals (unit 1), character writing and character formation. Simple characters are introduced through short rhymes in unit 2 to unit 5.

■ Book 2 and 3 continue the development of communication skills, as well as introducing China, its culture and customs through three pieces of simple texts in each unit.

■ To ensure a smooth transition, some pinyin is removed in Book 2 and a lesser amount of pinyin in later books. We believe that the students at this stage still need the support of pinyin when doing oral practice.

Level 2:

■ Book 4 and 5 each includes approximately 350 new characters. There are 4 units in the textbook and 3 lessons in each unit. Each lesson introduces about 30 new characters.

■ The topics covered in Book 4 and 5 are contemporary in nature, and are interesting and relevant to the students' experience.

■ The listening and speaking exercises in Book 4 and 5 take various forms, and are carefully designed to reflect the real Chinese speaking world. The students are provided with various speaking opportunities to use the language in real situations.

- Reading texts in various formats and of graded difficulty levels are provided in the workbook, in order to reinforce the learning of vocabulary, grammar and sentence structure.

- Dictionary skills are taught in Book 4, as we believe that the students at this stage should be able to use the dictionary to extend their learning skills and become independent learners of Chinese.

- Pinyin is only present in vocabulary list in Book 4 and 5. We believe that the students at this stage are able to pronounce the characters without the support of pinyin.

- Writing skills are reinforced in Book 4 and 5. The writing task usually follows a reading text, so that the text will serve as a model for the students' own reproduction of the language.

- Extensive reading materials with an international flavour is included in the workbook. Students are exposed to Chinese language, culture and traditions through authentic texts.

COURSE LENGTH

- Books 1, 2 and 3 each covers approximately 100 hours of class time, and Books 4 and 5 might need more time, depending on how the book is used and the ability of students. Workbooks contain extensive exercises for both class and independent learning. The five books are continuous and ongoing, so they can be taught within any time span.

HOW TO USE THIS BOOK

Here are a few suggestions from the authors:

- Listening comprehension exercises in this book are more challenging, as the students need to retrieve relative information to finish the exercises.

- Reading comprehension exercises are presented in different forms, such as advertisements, postcards, diary entries, name cards, letters, etc.. We believe that the students at this level should be exposed as much as possible to authentic written forms.

- In order to further develop their reading comprehension skills in unseen texts, there is an extended reading comprehension exercise at the end of each test paper in the workbook which challenges the students to work out the meanings of new words and phrases.

- The text for each lesson, the listening comprehension and reading texts are on the CDs attached to the textbook. The symbol indicates the track number, for example, CD1)T1 is CD 1, Track 1.

Yamin Ma
May, 2006 Hong Kong

CONTENTS 目　录

第一单元　身体

第一课　他的个子挺高的

CD1 T1

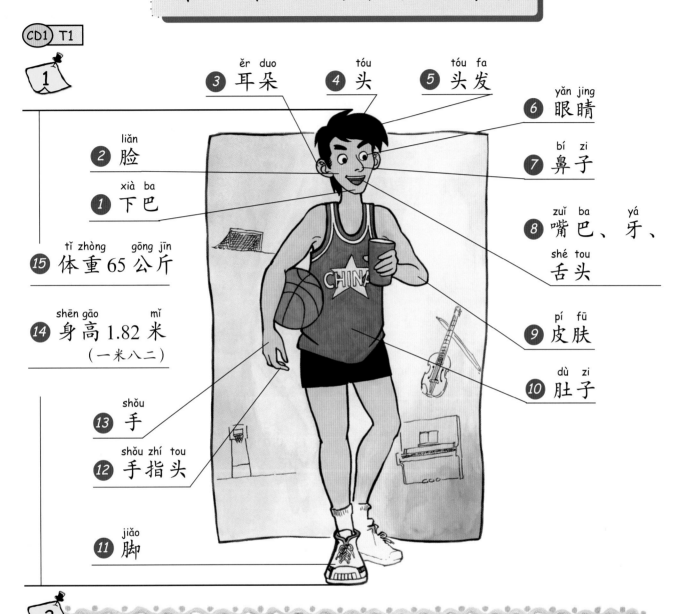

1

ěr duo
③ 耳朵

tóu
④ 头

tóu fa
⑤ 头发

yǎn jing
⑥ 眼睛

bí zi
⑦ 鼻子

zuǐ ba　　yá
⑧ 嘴巴、牙、

shé tou
舌头

pí fū
⑨ 皮肤

dù zi
⑩ 肚子

liǎn
② 脸

xià ba
① 下巴

tǐ zhòng　gōng jīn
⑮ 体重65公斤

shēn gāo　　mǐ
⑭ 身高1.82米
（一米八二）

shǒu
⑬ 手

shǒu zhí tou
⑫ 手指头

jiǎo
⑪ 脚

2

shǐ xīn nóng shì zhōng xué shēng　tā jīn nián shí qī suì　shàng shí sān nián jí　tā de
史新农是中学生。他今年十七岁，上十三年级。他的

gè zi tǐng gāo de　yǒu　　mǐ　yì mǐ bā èr　　tā de zhǎng xiàng hái bú cuò　dà
个子挺高的，有1.82米（一米八二）。他的长相还不错：大

dà de yǎn jing　gāo gāo de bí zi　tā de tóu fa shì hēi sè de　　tā yǒu hěn duō ài
大的眼睛、高高的鼻子。他的头发是黑色的。他有很多爱

hào　tā xǐ huan dǎ lán qiú hé tī zú qiú　hái huì lā xiǎo tí qín hé tán gāng qín
好。他喜欢打篮球和踢足球，还会拉小提琴和弹钢琴。

Answer the questions.

(1) 史新农身高是多少？

(2) 他的体重是多少？

(3) 他长得好看吗？

(4) 他的头发是什么颜色的？

(5) 他喜欢运动吗？

(6) 他会不会弹吉他？

生词

1 tǐng
挺 quite; very

2 xià ba
下巴 chin

3 duǒ
朵 measure word
ěr duo
耳朵 ear

4 yǎn
眼 eye

5 jīng
睛 eyeball　　yǎn jing
眼睛 eye

6 zuǐ
嘴 mouth　　zuǐ ba
嘴巴 mouth

7 shé
舌 tongue
shé tou
舌头 tongue

8 fū
肤(膚) skin
pí fū
皮肤 skin

9 dù
肚 belly; abdomen; stomach
dù zi
肚子 belly; abdomen

10 zhǐ
指 finger; point to
shǒu zhǐ tou
手指头 finger

11 shēn gāo
身高 height

12 tǐ zhòng
体(體)重 weight

13 mǐ
米 meter; rice
mǐ　　yì mǐ bā èr
1.82米（一米八二） 1.82 meters

14 xiàng
相 look; appearance
zhǎng xiàng
长相 looks

2

1 Say the following parts of the body in Chinese.

(a) 眼睛   (b) 鼻子   (c) 耳朵   (d) 头   (e) 头发   (f) 牙   (g) 脚

(h) 嘴巴   (i) 下巴   (j) 舌头   (k) 肚子   (l) 脸   (m) 手指头

2 Translation.

(1) 北京离上海有 2,000 多公里。

(2) 他看上去有 50 多岁。

(3) 她去加拿大有两个多月了。

(4) 今天的气温有 10 度吗? 我觉得挺冷的。

(5) 他家离学校有两公里, 骑自行车要 10 分钟。

"有" expresses estimation.

他的身高有 1.75 米。

His height is about 1.75 meters.

3 Translation.

(1) 大大的眼睛

(2) 高高的鼻子

(3) 小小的嘴巴

(4) 黑黑的头发

(5) 尖尖的下巴

(6) 高高的个子

(7) 清清的河水

(8) 圆圆的月亮

NOTE

Some adjectives can be repeated for emphasis.

(a) 红红的脸 red cheeks

(b) 蓝蓝的天 blue sky

4 [CD1] [T2] Listen to the recording. Fill in the blanks with the words in the box.

(a) 眼睛   (b) 嘴巴   (c) 耳朵   (d) 脸   (e) 鼻子   (f) 头发   (g) 下巴

1 老杨看上去四十多岁。他的＿＿＿是长的。

他的＿＿＿＿不长，是棕色的。他有高高的＿＿＿＿，

大大的＿＿＿和大大的＿＿＿。他的＿＿＿挺小的。

他的＿＿＿＿是尖的。

2 小张看上去二十出头。他的＿＿＿是方的。

他的＿＿＿不长也不短，是黑色的。他有大大的

＿＿＿，高高的＿＿＿和大大的＿＿＿。

5 Translation.

(1) 他的汽车是灰色的。

(2) 她的眼睛是棕色的。

(3) 这套西装是我爸爸的。

(4) 这本书不是他的。

(5) 我的运动鞋是蓝色的。

(6) 我的校服是新的。

(7) 这两个人，男的是英国人，女的是中国人。

(8) 王先生有两个儿子，大的九岁，小的六岁。

The "的" phrase functions as a noun, referring to the person or thing mentioned earlier in the sentence.

(a) 他的头发是黑色的。
His hair is black.

(b) 我的朋友中，有男的，也有女的。
Among my friends, some are male, some are female.

6 Describe their appearance.

Example

　　爸爸看上去三十多岁。他的头发很短，是棕色的。他的眼睛不大，鼻子和下巴都是尖尖的。他的耳朵挺大的。

阅读（一）画鬼最易

CD1 T3

在古代，有位画师给齐王画画儿。齐王问他：“画什么东西最难？”画师回答说：“狗、马这一类最难画。”齐王又问：“画什么最容易？”画师说：“画鬼最容易。”齐王不明白。画师说：“狗、马这些动物，人人都知道，天天都看见，要是我画得有一点儿不像，人人都能看出来。可是鬼就不同了。它无形无影，没有人见过。要是我画得不像，也没有人知道。所以，画鬼最容易。”

生词

1. 鬼 guǐ ghost
2. 齐王 qí wáng king of the State of Qi
3. 答 dá answer; reply; respond
   回答 huí dá answer; reply
4. 狗 gǒu dog
5. 明白 míng bai understand
6. 些 xiē some 这些 zhè xiē these

7. 看见 kàn jian see
8. 要是 yào shi if; suppose
9. 看出来 kàn chu lai make out; see
10. 无 (無) wú nothing; there is not
11. 形 xíng form; shape
    无形 wú xíng invisible
    无形无影 wú xíng wú yǐng invisible

6

CD1 T4

1

zhāng wén shì
张 文 是

yí wèi gāng qín jiā
一 位 钢 琴 家。

tā gāng qín tán de
她 钢 琴 弹 得

fēi cháng hǎo tīng　　tā
非 常 好 听。她

zhǎng de hěn piào liang　　dà dà de yǎn jing　　gāo
长 得 很 漂 亮: 大 大 的 眼 睛、高

gāo de bí zi　　xiǎo xiǎo de zuǐ ba　　tā shēn
高 的 鼻 子、小 小 的 嘴 巴。她 身

gāo yǒu　　　　mǐ　　yì mǐ liù wǔ　　　bú pàng
高 有 1.65 米（一 米 六 五）, 不 胖

yě bú shòu
也 不 瘦。

2

tā zhàng fu shì měi guó rén　　tā shì
她 丈 夫 是 美 国 人。他 是

yín háng jiā　　tā zhǎng de bú tài hǎo kàn
银 行 家。他 长 得 不 太 好 看:

liǎn shì cháng de　　yǎn jing hěn xiǎo　　bí zi
脸 是 长 的, 眼 睛 很 小, 鼻 子

yòu gāo yòu jiān　　tóu fa hěn shǎo　　tā zhǎng
又 高 又 尖, 头 发 很 少。他 长

de yòu ǎi yòu pàng
得 又 矮 又 胖,

hái dài yǎn jìng
还 戴 眼 镜。

3

zhè shì
这 是

tā men de dà
他 们 的 大

ér zi　　jīn
儿 子, 今

nián shí èr suì
年 十 二 岁。

tā zhǎng de xiàng tā mā ma　　tā de tóu fa
他 长 得 像 他 妈 妈。他 的 头 发

shì juǎn fà　　tā fēi cháng xǐ huan zhōng guó
是 卷 发。他 非 常 喜 欢 中 国

wén huà　　tā huì huà zhōng guó huà
文 化。他 会 画 中 国 画。

4

zhè shì tā
这 是 他

men de xiǎo ér zi
们 的 小 儿 子。

tā jīn nián jiǔ suì
他 今 年 九 岁,

bǐ gē ge xiǎo sān
比 哥 哥 小 三

suì　　tā zhǎng de xiàng tā bà ba　　tā de tóu
岁。他 长 得 像 他 爸 爸。他 的 头

fa shì jīn huáng sè de　　shì zhí fà　　tā suī
发 是 金 黄 色 的, 是 直 发。他 虽

rán zhǎng de yì bān　　dàn shì hěn kě ài
然 长 得 一 般, 但 是 很 可 爱。

7

(　　) (1) 张文钢琴弹得一般。

(　　) (2) 张文个子很矮。

(　　) (3) 她丈夫戴眼镜。

(　　) (4) 大儿子也喜欢弹钢琴。

(　　) (5) 大儿子长得像爸爸。

(　　) (6) 大儿子的头发是直的。

(　　) (7) 小儿子长得挺好看的。

(　　) (8) 小儿子的头发是金黄色的。

生词

1	piào 漂 fail　piào liang 漂亮 beautiful	
2	gāng qín jiā 钢琴家 pianist	
3	pàng 胖 fat	
4	shòu 瘦 skinny; slim	
5	ǎi 矮 short (of stature)	
6	jìng 镜 (鏡) mirror; lens; glass	
	yǎn jìng 眼镜 glasses	
7	juǎn 卷 (鬈) curly	
	juǎn fà 卷发 curly hair; wavy hair	

8 jīn 金 gold; golden; money

jīn huáng sè 金黄色 golden yellow

9 zhí 直 straight

10 suī 虽 (雖) although

suī rán dàn shì 虽然……，但是…… although…

11 bān 般 sort; kind

yì bān 一般 ordinary; common

12 kě ài 可爱 lovely

1 Match the descriptions with the pictures.

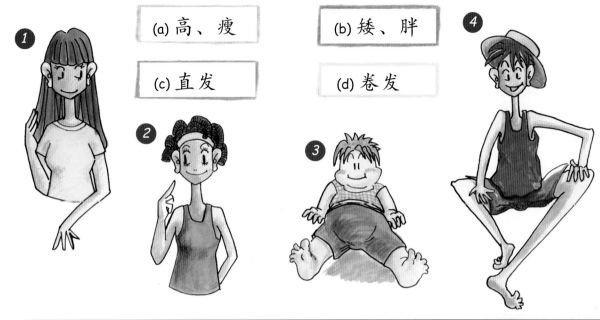

(a) 高、瘦

(b) 矮、胖

(c) 直发

(d) 卷发

2 True or false?

小文
十岁
30 公斤

小方
七岁
25 公斤

NOTE

Comparative sentences with complements:

(a) 爸爸比妈妈大五岁。

Dad is five years older than Mum.

(b) 姐姐的头发比妹妹的长很多。

The elder sister's hair is much longer than the younger sister's.

( ) (1) 小文比小方大三岁。

( ) (2) 小文比小方高一头。

( ) (3) 小方的头发比小文的长很多。

( ) (4) 小方的眼睛比小文的大。

( ) (5) 小文的嘴巴比小方的小。

( ) (6) 小方的脸比小文的脸长很多。

( ) (7) 小文比小方重五公斤。

( ) (8) 小文长得比小方好看。

3 CD1 T5 Listen to the recording. Circle the right answer.

1

(1) 张小姐是秘书，她长得＿＿＿。　(a) 一般　(b) 漂亮　(c) 难看

(2) 她的头发＿＿＿。　(a) 不长　(b) 不短　(c) 不长也不短

(3) 她的眼睛＿＿＿。　(a) 大大的　(b) 圆圆的　(c) 长长的

(4) 她的嘴巴＿＿＿。　(a) 尖尖的　(b) 高高的　(c) 大大的

2

(1) 王先生是经理，他的个子＿＿＿。(a) 挺高的　(b) 挺矮的　(c) 不高

(2) 他的眼睛＿＿＿。　(a) 不大　(b) 很小　(c) 是圆的

(3) 他的鼻子＿＿＿。　(a) 高高的　(b) 尖尖的　(c) 很小

(4) 他的嘴巴＿＿＿。　(a) 大大的　(b) 小小的　(c) 很小

4 Briefly describe the people below.

Example

衣服：汗衫、花裤子、皮鞋

长相：长头发、直发、大眼睛、高鼻子、大嘴巴，很瘦

1

衣服：

长相：

2

衣服：

长相：

5 | Translation.

(1) 虽然他没有去过中国，但是他汉语说得很流利。

(2) 他虽然是哥哥，但是没有弟弟高。

(3) 他虽然学习不太用功，但是每次考试都考得不错。

(4) 虽然她父母亲都是音乐家，但是她对音乐一点儿都不感兴趣。

NOTE

"虽然……，但是……"

although … , …

现在虽然是冬天，
但是不冷。

Although it is winter now, it is not cold.

(5) 他虽然穿了大衣，戴了帽子和围巾，但是还觉得冷。

6 | CD1 T6 Listen to the recording. Write "T" for true or "F" for false.

一天，大明和他弟弟小明，一起去音像商店买CD。那个商店很大，人也很多。大明买东西的时候，小明不见了。大明马上去找店经理。

经理：你弟弟今年几岁了？

大明：

经理：他身高有多少？

大明：

经理：他长得什么样儿？

大明：

经理：他穿什么衣服？

大明：

小明（五岁）
身高1.05米
家住大理路七十号
电话：6523 7901

经理：你家住在哪儿？你家
的电话号码是多少？

大明：

你知道吗

人在睡觉时会长高。

大象每天只睡两个小时。

竹子每天能长一米。

12

阅读（二） 杨布打狗

yǒu yì tiān　yáng bù chū mén shí chuān le　yí tào bái yī fu　huí lái shí　yīn wèi
有一天，杨布出门时穿了一套白衣服。回来时，因为

xià dà yǔ　nà tào bái yī fu quán shī le　tā jiù cóng péng you jiā jiè le yí tào yī
下大雨，那套白衣服全湿了，他就从朋友家借了一套衣

fu　dàn shì zhè tào yī fu shì hēi sè de　chuān shang hēi yī fu hòu　yáng bù jiù huí
服，但是这套衣服是黑色的。穿上黑衣服后，杨布就回

jiā le
家了。

tā jiā de kān mén gǒu　jiàn yáng bù chuān le hēi yī fu　bú rèn shi tā le　yáng
他家的看门狗，见杨布穿了黑衣服，不认识他了。杨

bù yí jìn mén　tā yǐ wéi shì shēng rén　jiù dà jiào le qǐ lai　yáng bù hěn shēng qì
布一进门，它以为是生人，就大叫了起来。杨布很生气，

shuō　méi yòng de dōng xi　nǐ zěn me bú rèn shi wǒ le　tā yì biān shuō yì biān
说："没用的东西，你怎么不认识我了？"他一边说一边

yào dǎ gǒu　yáng bù de gē ge kàn jian le　shuō　bú yào dǎ gǒu　nǐ xiǎng yi xiǎng
要打狗。杨布的哥哥看见了，说："不要打狗。你想一想，

yào shi nǐ de gǒu chū qù de shí hou shì bái de　huí lái de shí hou biàn chéng le hēi de
要是你的狗出去的时候是白的，回来的时候变成了黑的，

nǐ néng mǎ shàng rèn chu tā shì nǐ de gǒu ma
你能马上认出它是你的狗吗？"

生词

yáng
① 杨（楊）poplar (tree)

bù
② 布 cloth

shī
③ 湿（濕）wet; damp; humid

jiè
④ 借 borrow; lend

yǐ wéi
⑤ 以为 believe; think

shēng rén
⑥ 生人 stranger

shēng qì
⑦ 生气 angry

biàn
⑧ 变（變）change; become

chéng
⑨ 成 accomplish; become; succeed

biàn chéng
变成 turn into

mǎ shàng
⑩ 马上 at once; immediately

rèn chu
⑪ 认出 recognize; identify

第三课　我生病了

张亮

wǒ jīn tiān zǎo shang yì qǐ chuáng jiù jué
我今天早上一起床就觉

de quán shēn bù shū fu tóu tòng sǎng zi yě
得全身不舒服，头痛、嗓子也

téng chī wán zǎo fàn hòu wǒ yòu kāi shǐ ké
疼。吃完早饭后我又开始咳

sou fā shāo mā ma shuō wǒ shēng bìng le
嗽、发烧。妈妈说我生病了，

bú yào qù shàng xué le xià wǔ mā ma xià
不要去上学了。下午妈妈下

bān huí lái fā xiàn wǒ de bìng gèng yán zhòng le tā mǎ shàng dài wǒ qù kàn yī shēng yī
班回来，发现我的病更严重了。她马上带我去看医生。医

shēng shuō wǒ gǎn mào le gěi wǒ kāi le yì xiē yào hái ràng wǒ duō xiū xi duō hē shuǐ
生说我感冒了，给我开了一些药，还让我多休息，多喝水。

zuì hòu tā hái gěi wǒ kāi le yì zhāng bìng jià tiáo ràng wǒ zài jiā xiū xi liǎng tiān
最后她还给我开了一张病假条，让我在家休息两天。

Answer the questions.

(1) 今天早上张亮哪儿不舒服？

(2) 他从什么时候开始咳嗽？

(3) 他今天有没有去上学？

(4) 下午谁带他去看医生了？

(5) 张亮得了什么病？

(6) 医生让他做什么？

(7) 医生让他在家休息几天？

生词

① bìng 病 ill; disease　shēng bìng 生病 fall ill

② shū 舒 stretch; easy
　shū fu 舒服 comfortable; well

③ tòng 痛 ache; pain　tóu tòng 头痛 headache

④ sǎng 嗓 throat; voice
　sǎng zi 嗓子 throat; voice

⑤ téng 疼 ache; pain
　sǎng zi téng 嗓子疼 sore throat

⑥ ké 咳 cough

⑦ sòu 嗽 cough　ké sou 咳嗽 cough

⑧ shāo 烧（燒）burn; cook; run a fever
　fā shāo 发烧 have a fever

⑨ fā xiàn 发现 discover; find

⑩ yán zhòng 严重 serious

⑪ mào 冒 emit; send out
　gǎn mào 感冒 common cold

⑫ kāi yào 开药 prescribe medicine

⑬ yì xiē 一些 some

⑭ hē 喝 drink

⑮ bìng jià tiáo 病假条 certificate for sick leave

1 Match the Chinese with the pictures.

(1) 头痛
(2) 牙疼
(3) 嗓子疼
(4) 发烧
(5) 肚子疼
(6) 咳嗽

医生：你哪儿不舒服？

病人：我肚子不舒服，拉肚子。

医生：你从什么时候开始拉肚子？

病人：昨天晚上。

医生：你昨天晚饭吃了什么？

病人：我吃了鱼、虾。

医生：你发烧吗？

病人：不发烧。

医生：我给你开点儿药。

病人：要吃几天？

医生：到你病好了就不用吃了。还有，你要多喝水，不要吃生、冷的东西。过几天就应该没事了。

病人：对不起，我肚子又疼了。我要上厕所。请问，厕所在哪儿？

医生：厕所就在外面。

3 CD1 T9 Listen to the recording. Fill in the blanks with the phrases in the box.

(a) 吃东西　　(b) 生病　　(c) 舒服　　(d) 面条　　(e) 感冒药

(f) 嗓子疼　　(g) 发烧　　(h) 上学　　(i) 咳嗽　　(j) 一下午

今天金明＿＿了，他感到全身不＿＿。他＿＿、＿＿，还＿＿。妈妈没让他去＿＿。吃午饭的时候，他不想＿＿，只吃了一点儿＿＿。下午，他睡了＿＿的觉。晚上他妈妈给他吃了＿＿。第二天他觉得好多了。

4 Make new dialogues based on the information given.

Example

发烧（39.8℃）
咳嗽，全身没有力气
昨天晚上

医生：你哪儿不舒服？

病人：我发烧、咳嗽，全身没有力气。

医生：你从什么时候开始感到不舒服？

病人：昨天晚上。

医生：体温多少度？

病人：三十九度八。

❶ 咳嗽、嗓子疼，不发烧
三天前

❷ 牙疼
发烧（38.6℃）
昨天

5 Put the following sentences into a dialogue between the doctor and the patient.

医生

(a) 让我看看。38度。嗓子疼吗？

(b) 你有没有发烧？

(c) 你哪儿不舒服？

(d) 你有没有咳嗽？

(e) 我给你开一点药，再给你开一张病假条。你明、后两天在家好好休息。

病人

(1) 我从早上开始咳嗽。

(2) 我觉得全身发冷，没有力气。

(3) 可能有一点儿烧，但是我不知道多少度。

(4) 现在不疼。

(5) 谢谢大夫。

C → 2 → ___ → ___ → ___ → ___ → ___ → ___ → ___ → ___

6 Answer the questions.

(1) 你的身高是多少？

(2) 你的头发是什么颜色的？

(3) 你的头发是直发还是卷发？

(4) 你长得什么样儿？

(5) 你戴眼镜吗？

(6) 你常生病吗？

(7) 你最近有没有感冒过？

(8) 你吃过中药吗？

阅读（三） 铁棒磨针

唐代大诗人李白，小时候不用功学习。有一天，因为功课太难，所以他做了一半，就不想做了。他放下书，就出去玩了。在路边，他看见一位老奶奶，正在磨刀石上磨一根铁棒。李白很好奇，问老奶奶："老奶奶，你在干什么？"老奶奶说："磨针。""磨针？这怎么可能呢？"李白说。老奶奶回答说："铁棒虽然大，但是我天天磨，天长日久，铁棒就能磨成针了。"李白听了老奶奶的话，觉得很有道理。于是，从那天起，他天天用功学习。后来李白成了中国历史上最伟大的诗人。

生词

1 棒 bàng stick; club　铁棒 tiě bàng iron rod

2 磨 mó rub; wear; grind
磨刀石 mó dāo shí grindstone

3 唐 táng surname
唐代 táng dài the Tang Dynasty (618-907)

4 诗 (詩) shī poetry; poem　诗人 shī rén poet

5 李白 lǐ bái (701-762) a famous poet in the Tang Dynasty

6 放下 fàng xia lay down; put down

7 根 gēn root; measure word

8 奇 qí strange; rare　好奇 hào qí curious

9 干 (幹) gàn do; work　干什么 gàn shén me what to do

10 久 jiǔ for a long time
天长日久 tiān cháng rì jiǔ after a considerable period of time

11 道理 dào li reason

12 于是 yú shì hence

13 从那天起 cóng nà tiān qǐ from that day on

14 后来 hòu lái afterwards; later

第四课　我住院了

1
wǒ cóng zuó tiān zǎo shang kāi shǐ fā shāo　ké sou　sǎng zi hěn téng　bù néng shuō huà
我从昨天早上开始发烧、咳嗽，嗓子很疼，不能说话。

xià wǔ wǒ qù kàn yī shēng le　dào le yī yuàn　yí wèi hù shi xiān bāng wǒ liáng le tǐ wēn
下午我去看医生了。到了医院，一位护士先帮我量了体温，

tā shuō wǒ yǒu diǎnr fā shāo
她说我有点儿发烧，37.8℃

sān shí qī dù bā　rán hòu yī shēng
（三十七度八）。然后医生

gěi wǒ kàn le bìng　yī shēng shuō wǒ dé
给我看了病。医生说我得

le zhòng gǎn mào　tā gěi wǒ kāi le tuì
了重感冒。他给我开了退

shāo yào piàn　hái yǒu zhǐ ké yào shuǐ
烧药片，还有止咳药水。

钟美红

黄平

2
zhè cì shēng bìng　yī shēng wèi wǒ dòng le shǒu
这次生病，医生为我动了手

shù　suǒ yǐ wǒ zhù yuàn le　wǒ yǐ jīng zhù le sì
术，所以我住院了。我已经住了四

tiān le　yī shēng shuō wǒ hái yào zài zhù yí ge xīng
天了，医生说我还要再住一个星

qī
期。

zuó tiān táng míng　yáng hàn shēng tā men lái kàn
昨天唐明、杨汉生他们来看

wǒ le　tā men hěn guān xīn wǒ　wèn zhè wèn nà
我了，他们很关心我，问这问那。

tā men wèn wǒ dāo kǒu hái téng bu téng　shén me shí hou
他们问我刀口还疼不疼，什么时候

néng chū yuàn　tā men hái duì wǒ shuō　qiān wàn bié wèi gōng kè zháo jí　děng wǒ chū yuàn yǐ hòu
能出院。他们还对我说，千万别为功课着急，等我出院以后，

tā men huì bāng wǒ bǔ kè　zuì hòu tā men hái ràng wǒ duō duō xiū xi　hǎo hāo yǎng bìng　zhù
他们会帮我补课。最后他们还让我多多休息，好好养病，祝

wǒ zǎo rì kāng fù　tīng le tā men de huà　wǒ ān xīn duō le
我早日康复。听了他们的话，我安心多了。

Answer the questions.

(1) 钟美红从哪天开始觉得不舒服？

(2) 她有没有去看医生？

(3) 医生给她开了什么药？

(4) 黄平为什么要住院？

(5) 他一共要在医院住几天？

(6) 出院以后谁会帮黄平补课？

生词

① zhù yuàn 住院 be in hospital
chū yuàn 出院 be discharged from hospital

② bāng 帮（幫）help; assist

③ liáng 量 measure
liáng tǐ wēn 量体温 take somebody's temperature

④ zhòng gǎn mào 重感冒 a bad cold

⑤ tuì 退 retreat; withdraw

⑥ piàn 片 thin slice; flake; tablet
tuì shāo yào piàn 退烧药（片）antipyretic

⑦ zhǐ 止 stop 止咳药水 cough syrup

⑧ shǒu shù 手术 operation
dòng shǒu shù 动手术 have an operation

⑨ guān xīn 关心 care for

⑩ dāo 刀 knife 刀口 cut

⑪ wàn 万（萬）ten thousand 千万 be sure to

⑫ bié 别 other; don't

⑬ zháo 着 feel

⑭ jí 急 anxious 着急 worry
wèi zháo jí 为……着急 worry about...

⑮ bǔ 补（補）mend; patch; repair
bǔ kè 补课 make up a missed lesson

⑯ yǎng 养（養）rest; foster 养病 recuperate

⑰ zhù 祝 wish

⑱ kāng 康 health 康复 recover

⑲ ān xīn 安心 be relieved

1　🔊 Read aloud.

(1) 量体温

(2) 住院

(3) 退烧药片

(4) 重感冒

(5) 康复

(6) 止咳药水

(7) 动手术

(8) 补课

(9) 着急

(10) 严重

(11) 止痛药

(12) 发现

2　Match the pictures with the Chinese.

1

8

(a) 住院

(b) 量体温

(c) 动手术

(d) 量身高、体重

(e) 咳嗽

(f) 头痛

(g) 打针

(h) 牙疼

2

7

3

5

6

4

3 Translation.

(1) 别去了！

(2) 别走开！

(3) 别动！

(4) 别看！

(5) 别吃了！

(6) 别写了！

(7) 别玩了！

(8) 别叫了！

(9) 别唱了！

(10) 别说了！

NOTE

"别" other; another; don't

(a) 别人 other people

• 别的东西 other things

(b) 别说话了！ Don't talk!

4 CD1 T12 Listen to the recording. Circle the right answer.

(1) 张友明昨天动了＿＿。

   (a) 刀口   (b) 手术   (c) 感冒

(2) 医生说他要住院＿＿。

   (a) 一个星期   (b) 两个星期

   (c) 十天

(3) 王老师和同学们今天都去医院＿＿了。

(a) 看他   (b) 跟他玩   (c) 帮他

(4) 他们还买了一些＿＿给他。

   (a) 吃的东西   (b) 玩的东西

   (c) 书

(5) 王老师叫他千万别为＿＿着急。

   (a) 身体   (b) 功课   (c) 学习

(6) 出院以后王老师会为他＿＿。

   (a) 补课   (b) 做作业   (c) 考试

(7) 大家都祝张友明＿＿康复。

   (a) 提前   (b) 马上   (c) 早日

(8) 张友明非常感谢老师和同学们对他的＿＿。

   (a) 安心   (b) 关心   (c) 爱心

5 Answer the questions.

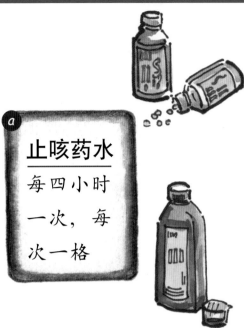

a

止咳药水
每四小时
一次，每
次一格

b

感冒药
每天三次，
每次一片，
饭后吃

c

止痛药
每四小时吃
一片，一次
最多吃两片

(1) 止咳药水每次喝多少？

(2) 感冒药片一天吃几次？

(3) 感冒药片是饭前吃还是饭后吃？

(4) 止痛药一次最多吃几片？

6 Act out the dialogue below.

医生：你哪儿不舒服？

杨政：我嗓子疼。

医生：疼了几天了？

杨政：疼了两天了。

医生：请你张开嘴给我看
看。……你感冒了。
我给你开点儿药。

杨政：我可以去上学吗？

医生：你今天在家休息一
天。你要多喝水，
过几天就会好的。

24

7 | Make new dialogues.

A: 我感冒了。

B: 你应该多喝水、多休息。

A	B
(1) 感冒	(a) 应该多喝水、多休息
(2) 脚疼	(b) 应该去看医生
(3) 太胖了	(c) 不要说话
(4) 嗓子疼	(d) 不要走动
(5) 发高烧、口干	(e) 少看电视
(6) 肚子疼	(f) 应该多做运动
(7) 牙疼	(g) 应该少吃点儿东西
(8) 拉肚子	(h) 别吃冷的东西
(9) 咳嗽	(i) 应该喝止咳药水
(10) 眼睛不舒服	(j) 应该吃退烧药
	(k) 应该吃止痛药

你知道吗

■ 一个正常人的眼睛能看到100多种颜色。

■ 小孩儿刚出生时什么都看不见。

■ 人早上的身高比晚上高一点儿。

第二单元　中、西菜式

第五课　中国的货币叫人民币

CD1 T13

měi ge guó jiā dōu yǒu běn guó de huò bì　bǐ rú shuō　zhōng guó de jiào rén
每个国家都有本国的货币，比如说：中国的叫人

mín bì　měi guó de jiào měi yuán　yīng guó de jiào yīng bàng　rì běn de jiào rì yuán
民币；美国的叫美元；英国的叫英镑；日本的叫日元

děng děng
等等。

rén mín bì yǒu　yuán de　yuán de　yuán de　yuán de
人民币有100元的、50元的、20元的、10元的、5

yuán de　yuán de　yuán de　hái yǒu　jiǎo de　jiǎo de　jiǎo
元的、2元的、1元的；还有5角的、2角的、1角

de　hái yǒu　fēn de　fēn de hé　fēn de　zài rì cháng shēng huó zhong　rén
的；还有5分的、2分的和1分的。在日常生活中，人

men yì bān dōu shuō　kuài qián　hěn shǎo shuō　yuán qián　shuō máo qián　hěn
们一般都说100块钱，很少说100元钱；说5毛钱，很

shǎo shuō　jiǎo qián
少说5角钱。

xiàn zài shēng huó zài běi jīng　shàng hǎi　huā fèi hěn dà　rú guǒ nǐ zài yīng
现在生活在北京、上海，花费很大。如果你在英

wén xué xiào shàng xué　měi ge yuè de xué fèi jiù yào jǐ qiān kuài qián　mǎi yì zhāng chéng rén diàn yǐng piào
文学校上学，每个月的学费就要几千块钱。买一张成人电影票

yào huā èr　sān shí kuài　yì zhāng ér tóng　xué shēng diàn yǐng piào de piào jià　yě yào shí kuài qián zuǒ yòu
要花二、三十块，一张儿童、学生电影票的票价也要十块钱左右。

26

Answer the questions.

(1) 中国的货币叫什么？

(2) 美国的货币叫什么？

(3) 在北京生活，花费大不大？

(4) 在上海的英文学校上学，每个月学费要多少钱？

(5) 一元钱就是一块钱，对不对？

生词

1 贷 (货) huò goods; money

2 币 (幣) bì currency　货币 huò bì currency

3 民 mín the people　人民币 rén mín bì RMB

4 本国 běn guó one's own country

5 元 yuán yuan, the monetary unit of China

美元 měi yuán U.S. dollar

日元 rì yuán yen

6 镑 (鎊) bàng pound (a currency)

英镑 yīng bàng pound sterling

7 角 jiǎo = 毛 máo 1/10 of a yuan

8 分 fēn 1/100 of a yuan

9 日常生活 rì cháng shēng huó daily life

10 块 (塊) kuài = 元 yuán

11 钱 (錢) qián money; cash

12 花 huā spend

13 费 (費) fèi fee; expenses

花费 huā fèi expenses

学费 xué fèi tuition fees

14 果 guǒ fruit; result　如果 rú guǒ if

15 成人 chéng rén adult

16 票 piào ticket; bank note

电影票 diàn yǐng piào movie ticket

17 童 tóng child　儿童 ér tóng children

18 价 (價) jià price; value

票价 piào jià the price of a ticket

19 多少钱 duō shao qián how much

1 Say the numbers in Chinese.

百万	十万	万	千	百	十	个
(1)						9
(2)					3	8
(3)				2	5	7
(4)			6	4	2	1
(5)		7	0	2	9	4
(6)	9	2	7	7	4	3
(7) 2	5	3	2	9	4	2
(8) 5	4	3	1	2	7	4

NOTE

Chinese Currency:

1. ￥0.85　八毛(角)五分
2. ￥13.56
   十三块(元)五毛(角)六分
3. ￥250.00　两百五十块(元)
4. ￥3,795.00
   三千七百九十五块(元)
5. ￥56,890.00
   五万六千八百九十块(元)

2 Say the following prices in Chinese.

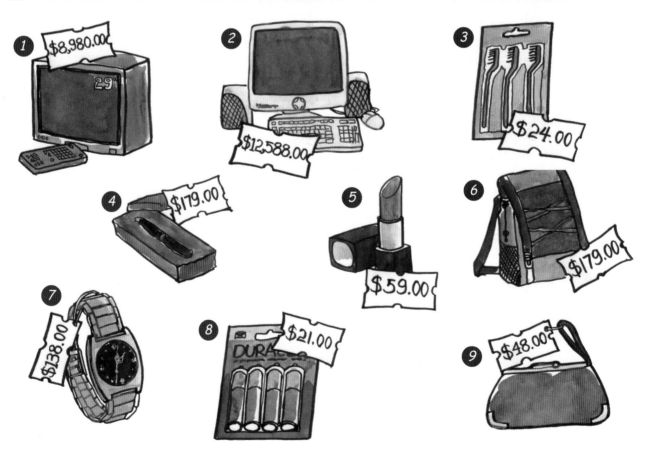

3 (CD1) T14 Listen to the recording. Write down the prices.

(1) ￥23.94   (2) ￥

(3) ￥   (4) ￥

(5) ￥   (6) ￥

(7) ￥   (8) ￥

(9) ￥   (10) ￥

NOTE

"多少钱" how much

A: 一条短裤多少钱？

（多少钱一条短裤？）

How much is a pair of shorts?

B: 一条短裤 35 块。

Thirty-five dollars.

4 Finish the following dialogues.

(1) A: 一张油画多少钱？

B: 一张油画 580 块。（￥580.00）

(2) A: 一本汉语课本多少钱？

B: _____。（￥45.00）

(3) A: 一包绿茶多少钱？

B: _____。（￥17.50）

(4) A: 一条鱼多少钱？

B: _____。（￥12.40）

5 Make new dialogues.

Example A: 一个风筝多少钱？

B: 35 块。

￥35.00

1 ￥35.00

2 ￥65.00

3 ￥28.00

6 Translation.

(1) 我花25块钱买了一本英文小说。

(2) 妈妈花500块钱买了一只漂亮的小花猫。

(3) 他每天花三个小时画画儿，一个小时弹钢琴。

(4) 爸爸不让我花太多时间打游戏机。

NOTE

"花" spend

(a) 我花100块钱买了一个大风筝。

I bought a big kite for a hundred dollars.

(b) 我每天花两个小时做作业。

I spend two hours on my homework everyday.

7 CD1 T15 Listen to the recording. Fill in the blanks in Chinese.

1

爱乐琴行

时间：上午＿＿点～晚上＿＿点

地点：琴行

对象：＿＿＿＿以上儿童

学费：钢琴课＿＿＿＿港币／节

小提琴课＿＿＿＿港币／节

每周上课＿＿＿次，每次

＿＿＿＿小时

2

国画班

2001年7月1日～8月26日

对象：＿＿＿～＿＿＿岁

学费：全期港币＿＿＿＿元

纸笔墨用品＿＿＿＿元

开课时间：一共上＿＿次课

每星期＿上＿小时

上午＿＿点～＿＿点

8 Study the dialogue below. Then make new dialogues with your partner.

服务员：我可以帮您吗？

王太太：我想买一条连衣裙。

服务员：您穿多大号的？

王太太：我穿 12 号的。

服务员：您可以试试这条。

王太太：我不喜欢绿色的。请问，有蓝色的吗？

服务员：有，请等一等，我去拿。……这条怎么样？

王太太：我要这条。多少钱？

服务员：625 块。

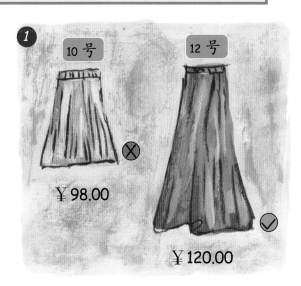

①
10 号

12 号

￥98.00

￥120.00

②
10 号

12 号

￥150.00

￥85.00

(1) 如果你不穿校服上学，校长就会让你回家。

(2) 如果明天下雨，我们就在家里玩。

(3) 如果你明天还发烧，就不要去上学。

(4) 如果你没有带汉语书，去借一本。

NOTE

"如果……，就……" if...
如果明天天气好，我们就去动物园。
If it is fine tomorrow, we will go to the zoo.

10 Make a dialogue by asking the following questions.

海洋公园

门票： 成人 $158.00

小孩 $78.00

家庭套票 $350.00

（两个大人、两个小孩）

QUESTIONS:

① 成人票多少钱？

② 小孩票多少钱？

③ 有没有家庭套票？

④ 家庭套票多少钱？

你知道吗

■ 世界上最常用的名字是 Mohammed.

■ 人的大脑分为左、右两半球。

■ 一个人的左半边脸跟右半边脸不一样。

阅读（四） 画龙点睛

cóng qián yǒu zuò miào　miào li yǒu yí miàn qiáng　shì bái sè de　hòu lái yǒu rén qǐng lái le
从前有座庙，庙里有一面墙，是白色的。后来有人请来了

yí wèi huà jiā　qǐng tā zài qiáng shang huà yì xiē dōng xi　huà jiā zài qiáng shang huà le sì tiáo lóng
一位画家，请他在墙上画一些东西。画家在墙上画了四条龙。

lái miào li de rén dōu shuō zhè xiē lóng huà de xiàng zhēn de yí yàng　dàn shì bù zhī dao wèi shén me tā
来庙里的人都说这些龙画得像真的一样，但是不知道为什么它

men dōu méi yǒu yǎn jing　huà jiā shuō　zhè xiē lóng yào shi yǒu le yǎn jing jiù huó le　tā men
们都没有眼睛。画家说："这些龙要是有了眼睛就活了，它们

yì huó jiù huì fēi zǒu　zhè qiáng jiù yòu bái le　dà jiā bú xìn　yú shì　huà jiā gěi liǎng tiáo
一活就会飞走，这墙就又白了。"大家不信。于是，画家给两条

lóng diǎn shàng le yǎn jing　zhè shí　tū rán diàn shǎn léi míng　yǒu yǎn jing de nà liǎng tiáo lóng jiù fēi
龙点上了眼睛。这时，突然电闪雷鸣，有眼睛的那两条龙就飞

zǒu le　dà jiā hěn pà　dōu shuō　lìng wài liǎng tiáo lóng jiù bú yòng huà yǎn jing le
走了。大家很怕，都说："另外两条龙就不用画眼睛了。"

生词

① diǎn
点（點）put a dot

huà lóng diǎn jīng
画龙点睛 add the touch that brings a work of art to life

② cóng qián
从前 before; in the past

③ miào
庙（廟）temple

④ qiáng
墙（牆）wall

⑤ xìn
信 believe; letter

⑥ zhè shí
这时 at this moment

⑦ tū
突 sudden

tū rán
突然 suddenly

⑧ shǎn
闪（閃）flash; sparkle

⑨ míng
鸣（鳴）ring; sound

diàn shǎn léi míng
电闪雷鸣 lightning accompanied by thunder

⑩ lìng
另 other; another

lìng wài
另外 in addition; besides

第六课　中式早餐包括粥、包子……

（CD1）T17

zhōng guó rén cháng chī de zhōng shì zǎo cān bāo
中国人常吃的中式早餐包

kuò zhōu　bāo zi　miàn tiáo　jī dàn　yóu tiáo
括粥、包子、面条、鸡蛋、油条、

dòu jiāng děng　nán fāng de guǎng dōng rén　xiāng gǎng
豆浆等。南方的广东人、香港

rén zǎo shang xǐ huan qù fàn diàn yì biān chī diǎn xīn　yì biān hē chá
人早上喜欢去饭店一边吃点心，一边喝茶。

zài zhōng guó de dà chéng shì li　yě yǒu bù shǎo rén xǐ huan chī xī shì zǎo
在中国的大城市里，也有不少人喜欢吃西式早

cān　xī shì zǎo cān bāo kuò miàn bāo　jī dàn　suān nǎi　niú nǎi　jú zi zhī
餐。西式早餐包括面包、鸡蛋、酸奶、牛奶、桔子汁、

hóng chá　kā fēi děng　chī miàn bāo shí　rén men tōng cháng zài miàn bāo shang mǒ shang
红茶、咖啡等。吃面包时，人们通常在面包上抹上

huáng yóu huò guǒ jiàng　hē chá huò kā fēi shí　rén men tōng cháng jiā niú nǎi　yě
黄油或果酱。喝茶或咖啡时，人们通常加牛奶，也

yǒu rén xǐ huan zài jiā táng
有人喜欢再加糖。

True or false?

(　　)(1) 中式早餐包括面包、包子、黄油、果酱等。

(　　)(2) 粥是中式早餐的一种。

(　　)(3) 香港人每天早上都去饭店吃点心、喝咖啡。

(　　)(4) 中国人都不喜欢吃西式早餐。

(　　)(5) 人们喝红茶或咖啡时通常不加牛奶，也不加糖。

生词

1. **zhōng shì** 中式 Chinese style
2. **cān** 餐 food; meal
   zǎo cān 早餐 ＝ **zǎo fàn** 早饭 breakfast
3. **kuò** 括 include **bāo kuò** 包括 include
4. **zhōu** 粥 porridge; congee
5. **bāo zi** 包子 stuffed steamed bun
6. **miàn tiáo** 面条 noodles
7. **jī** 鸡 (鷄) chicken
8. **dàn** 蛋 egg **jī dàn** 鸡蛋 egg
9. **yóu tiáo** 油条 deep fried twisted dough sticks
10. **dòu** 豆 beans; peas
11. **jiāng** 浆 (漿) thick liquid
    dòu jiāng 豆浆 soya-bean milk
12. **diǎn xīn** 点心 light refreshments; pastry
13. **shì** 市 market; city
    chéng shì 城市 town; city

14. **xī shì** 西式 Western style
15. **miàn bāo** 面包 bread
16. **suān** 酸 sour
    suān nǎi 酸奶 yoghurt
17. **niú nǎi** 牛奶 milk
18. **jú** 桔 (橘) tangerine
    jú zi 桔子 tangerine
19. **zhī** 汁 juice
    jú zi zhī 桔子汁 orange juice
20. **kā fēi** 咖啡 coffee
21. **mǒ** 抹 put on; apply
22. **huáng yóu** 黄油 butter
23. **huò** 或 or; either... or...
24. **jiàng** 酱 (醬) sauce; paste; jam
    guǒ jiàng 果酱 jam
25. **táng** 糖 sugar; sweets

1 Match the Chinese with the pictures.

(a) 红茶
(b) 咖啡
(c) 绿茶
(d) 冰水
(e) 桔子汁
(f) 果汁
(g) 花茶
(h) 豆浆
(i) 可乐
(j) 汽水

2 Interview three classmates. Fill in the form below.

你早饭通常吃什么？

姓名	粥	牛奶	面包	面条	豆浆	酸奶	鸡蛋	包子	桔子汁	油条
欧文方		✓	✓				✓			

36

3 | Translation.

(1) 你喜欢夏天还是冬天？

_____

(2) 我长大以后想当医生或律师。

_____

(3) 今天或明天，他会去北京。

_____

(4) 故宫在北京还是在西安？

_____

(5) Are you Chinese or Japanese?

_____

(6) What do you want to drink, coke or orange juice?

_____

(7) Do you like Chinese food or Western food?

_____

(8) This afternoon, we can either watch TV or play computer games.

_____

NOTE

"还是" or, is used in questions.

"或" either... or..., is used in statements.

A: 你想喝咖啡还是茶？

Do you want coffee or tea?

B: 茶或咖啡都可以。

Either tea or coffee is fine.

4 | CD1 T18 | Listen to the recording. Circle the right answer.

❶

❷

❸

❹

5 Decribe the daily schedule of Xiao Fang.

(7:30) 吃早饭：牛奶、面包、鸡蛋

(8:00) 骑自行车上学

(8:30) 上课: 六节课 8:30-12:30

(12:30) 午饭 12:30-13:30

(7:00) 起床 洗澡

小方

睡觉 22:30

去体育馆打网球 或在家看电视 19:30

骑车回家 15:00

上课: 两节课 13:30-14:30 (13:30)

小方通常七点起床 _____

_____

6 Interview your partner. Ask the following questions.

(1) 你每天早上几点起床？

(2) 你早饭吃什么？喝什么？

(3) 你喜欢吃中式早餐还是 西式早餐？

(4) 你喜欢喝冷牛奶还是热牛奶？

(5) 你喜欢吃面包吗？

(6) 你喝过豆浆吗？

(7) 你吃面包时喜欢抹果酱、黄油 吗？

7 CD1 T19 Listen to the recording. Fill in the blanks in Chinese.

1

(1) 王政是 ＿＿＿＿＿＿＿＿ 人。

(2) 他在 ＿＿＿＿＿＿＿＿ 出生，

　　在 ＿＿＿＿＿＿＿＿ 长大。

(3) 他爸爸是 ＿＿＿＿＿＿＿。

(4) 他妈妈是 ＿＿＿＿＿＿＿。

(5) 他今年上 ＿＿＿＿＿＿ 年级。

(6) 他今年学 ＿＿＿＿＿＿ 门课。

(7) 他最喜欢上 ＿＿＿＿＿ 课。

(8) 他的爱好是 ＿＿＿＿＿＿。

(9) 他早饭一般吃 ＿＿＿＿＿＿

　　＿＿＿＿＿＿＿＿＿＿＿＿。

(10) 他每天 ＿＿＿＿＿＿ 上学。

2

(1) 李阳是 ＿＿＿＿＿＿＿＿ 人。

(2) 她在 ＿＿＿＿＿＿＿＿ 出生，

　　在 ＿＿＿＿＿＿＿＿ 长大。

(3) 她爸爸是 ＿＿＿＿＿＿＿。

(4) 她妈妈是 ＿＿＿＿＿＿＿。

(5) 她今年上 ＿＿＿＿＿＿ 年级。

(6) 她今年学 ＿＿＿＿＿＿ 门课。

(7) 她最喜欢上 ＿＿＿＿＿ 课。

(8) 她的爱好是 ＿＿＿＿＿＿。

(9) 她早饭一般吃 ＿＿＿＿＿＿

　　＿＿＿＿＿＿＿＿＿＿＿＿。

(10) 她每天 ＿＿＿＿＿＿ 上学。

面包

鸡蛋

咖啡

水果

酸奶

绿茶

牛奶

面条

红茶

阅读（五） 自相矛盾

CD1 T20

从前，有一个卖矛和盾的人。他为了吸引人们来买，就大声叫卖他的矛说："快来看，我的矛是世界上最尖利的，所有的盾它都能穿透。"说完，他又大声叫卖他的盾："快来买，我的盾是世界上最坚硬的，没有矛能穿透它。"旁边的人听到这些都笑了，问他："你的矛最尖利，你的盾最坚硬，你试试用你的矛穿你的盾，会怎么样？"这个人一听，不知道说什么好了。

生词

❶	相 xiāng each other	❼	声（聲）shēng sound; voice
❷	矛 máo spear		大声 dà shēng loudly
❸	盾 dùn shield	❽	叫卖 jiào mài hawk
	矛盾 máo dùn contradictory	❾	尖利 jiān lì sharp; piercing
	自相矛盾 zì xiāng máo dùn self-contradictory	❿	所有 suǒ yǒu all
❹	为了 wèi le for; in order to	⓫	透 tòu penetrate
❺	吸 xī inhale; absorb; attract		穿透 chuān tòu pierce through
❻	引 yǐn attract; lead	⓬	坚（堅）jiān hard; firm; strong
	吸引 xī yǐn attract	⓭	硬 yìng hard; tough 坚硬 jiān yìng hard; solid

40

第七课　爸爸点了很多菜

jīn tiān shì duān wǔ jié　　wǒ men yì jiā qī kǒu　　yé ye　　nǎi nai　　bà ba
今天是 端午节，我们一家七口：爷爷、奶奶、爸爸、

mā ma　　gē ge　　mèi mei hé wǒ　　yì qǐ qù kàn lóng zhōu bǐ sài le　　yīn wèi tiān qì
妈妈、哥哥、妹妹和我，一起去看龙舟比赛了。因为天气

tài rè　　wǒ men méi yǒu kàn wán jiù zǒu le　　dāng shí dà yuē shí èr diǎn　　dà jiā dōu jué
太热，我们没有看完就走了。当时大约十二点，大家都觉

de yòu kě yòu è　　yú shì bà ba dài wǒ men qù le fù jìn yì jiā fàn diàn chī wǔ fàn
得又渴又饿，于是爸爸带我们去了附近一家饭店吃午饭。

zuò xià yǐ hòu
坐下以后，

wǒ men xiān yào le
我们先要了

jǐ bēi lěng yǐn
几杯冷饮，

hē xia qu jué de
喝下去觉得

shū fu duō le
舒服多了。

yīn wèi jīn tiān guò
因为今天过

jié　　suǒ yǐ bà
节，所以爸

ba diǎn le hěn duō
爸点了很多

cài　　tā xiān jiào le jǐ ge xiǎo lěng pán　　yǒu pí dàn　　wǔ xiāng niú ròu　　huā shēng mǐ
菜。他先叫了几个小冷盘，有皮蛋、五香牛肉、花生米

hé hǎi dài sī　　rán hòu bà ba yòu diǎn le yí dà wǎn jī tāng　　bàn zhī kǎo yā　　yì pán
和海带丝。然后爸爸又点了一大碗鸡汤、半只烤鸭、一盘

chǎo dà xiā　　yì tiáo yú　　yì pán chǎo ròu piàn　　yì pán jiā cháng dòu fu hé yì pán chǎo
炒大虾、一条鱼、一盘炒肉片、一盘家常豆腐和一盘炒

miàn　　zuì hòu wǒ men hái yào le yí ge shuǐ guǒ pán hé sì zhī zòng zi　　zhè jiā fàn diàn de
面。最后我们还要了一个水果盘和四只粽子。这家饭店的

cài fēi cháng hǎo chī　　dà jiā dōu chī de hěn bǎo
菜非常好吃，大家都吃得很饱。

(1) 端午节这天他们一家人去看了什么比赛?

(2) 他们去哪儿吃午饭了?

(3) 他们先喝了什么?

(4) 爸爸点了几个冷盘?

(5) 他们喝了什么汤?

(6) 他们吃米饭了吗?

(7) 他们有没有吃粽子?

生词

① wǎn 碗 bowl; measure word

② tāng 汤(湯) soup　jī tāng 鸡汤 chicken soup

③ dāng shí 当时 then; at that time

④ yuē 约(約) arrange; about　dà yuē 大约 about

⑤ kě 渴 thirsty

⑥ è 饿(餓) hungry; starve

⑦ bēi 杯 cup; trophy; measure word

⑧ lěng yǐn 冷饮 cold drink

⑨ jiào cài 叫菜 = diǎn cài 点菜 order dishes

⑩ pán 盘(盤) plate; dish; measure word　lěng pán 冷盘 cold dish

⑪ pí dàn 皮蛋 preserved duck egg

⑫ ròu 肉 meat; flesh　niú ròu 牛肉 beef

ròu piàn 肉片 sliced meat

⑬ wǔ xiāng niú ròu 五香牛肉 five-spice beef

⑭ huā shēng mǐ 花生米 shelled peanut

⑮ sī 丝(絲) silk; a threadlike thing　hǎi dài sī 海带丝 shredded kelp

⑯ kǎo 烤 bake; roast

⑰ yā 鸭(鴨) duck　kǎo yā 烤鸭 roast duck

⑱ chǎo 炒 stir-fry　chǎo miàn 炒面 fried noodles

⑲ jiā cháng 家常 the daily life of a family

⑳ fǔ 腐 bean curd; rotten　dòu fu 豆腐 bean curd

㉑ shuǐ guǒ pán 水果盘 a plate of fruit

㉒ bǎo 饱(飽) full

1 | Say the drinks in Chinese.

2 | Match the Chinese with the English.

(1) 五香牛肉　　(a) spring roll

(2) 花生米　　(b) five-spice beef

(3) 春卷　　(c) preserved egg

(4) 虾饺　　(d) bean curd

(5) 皮蛋　　(e) shelled peanut

(6) 海带丝　　(f) steamed dumpling

(7) 烧卖　　(g) shrimp dumpling

(8) 豆腐　　(h) pork braised in soy sauce

(9) 红烧肉　　(i) shredded kelp

3 | CD1 T22 | Listen to the recording. Fill in the blanks with letters.

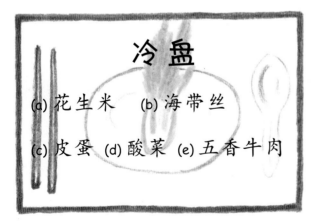

冷盘

(a) 花生米　(b) 海带丝

(c) 皮蛋　(d) 酸菜　(e) 五香牛肉

主菜

(a) 烤鸭　(b) 炒肉片　(c) 炒大虾

(d) 炒蛋　(e) 红烧鱼　(f) 炒鱼片

(g) 红烧肉　(h) 家常豆腐　(i) 鸡汤

(1) 大明点了三个冷盘：＿＿＿＿＿＿＿；他还叫了两个主菜：＿＿＿＿＿＿。

(2) 小方点了两个冷盘：＿＿＿＿＿＿＿；她还要了四个主菜：＿＿＿＿＿＿。

(3) 大力要了四个冷盘：＿＿＿＿＿＿＿；他还叫了五个主菜：＿＿＿＿＿＿。

Example

两杯可乐　一盘炒肉片

一盘家常豆腐　一碗鸡汤

一盘炒面　一个水果盘

服务员：你们想喝什么？

王先生：先来两杯可乐。

服务员：你们想吃什么？

王先生：我们要一个炒肉片、一个家常豆腐、一碗鸡汤、一个炒面。最后来一个水果盘。

服务员：好。请等一等。

NOTE

"点"、"叫"、"要"、"来"

are used to order food in a restaurant.

(a) 我想要几个冷盘。

I want to order several cold dishes.

(b) A: 你们想点什么菜？

What do you want to order?

B: 来一盘炒牛肉片。

A stir-fried sliced beef please.

(c) 爸爸叫了半只烤鸭。

Dad ordered half a roast duck.

3

三杯可乐

半只鸡

一条鱼

一盘家常豆腐

一盘五香牛肉

一盘蛋炒饭

1

两杯豆浆

两根油条

两碗白粥

2

六个春卷

两碗汤面

两杯果汁

5 CD1 T23 Listen to the recording. Answer the questions in Chinese.

套餐 1 ($20.00)

热狗
酸奶
可乐

套餐 2 ($25.00)

炒饭
奶茶
水果

套餐 3 ($22.00)

鱼
米饭
汽水

套餐 4 ($18.00)

牛肉包子
鸡汤
水果

(1) 江文想吃哪个套餐？他要花多少钱？

(2) 唐伟明想吃哪个套餐？他要花多少钱？

(3) 李春花想吃哪个套餐？她要花多少钱？

(4) 周彩云想吃哪个套餐？她要花多少钱？

你知道吗

■ 巴西是咖啡王国。

■ 世界名城海牙有一个小人国。

■ 除了中国，只有少数几个亚洲国家
的人吃饭时用筷子。

阅读（六） 儿子和邻居

从前，宋国有一个富人。一天，一场大雨冲坏了他家的墙。雨停了以后，他儿子说："父亲，我们应该马上找人修墙。不修，可能会有坏人进来偷东西。"住在隔壁的一位老人也说："你们应该修墙。不修，小偷太多，会来偷东西。"那天晚上，小偷果然来了，偷走了很多好东西。第二天，富人全家都说富人的儿子真聪明，可是他们都觉得来偷东西的人很可能就是隔壁的那个老人。

生词

1. 邻（鄰）lín neighbour
2. 居 jū reside; residence
   邻居 lín jū neighbour
3. 宋 sòng surname
   宋国 sòng guó the State of Song
4. 富 fù rich
   富人 fù rén rich person
5. 冲（衝）chōng rush; rinse
6. 坏（壞）huài bad; go bad
   坏人 huài rén bad person
7. 修 xiū repair; build
8. 偷 tōu steal; secretly
   小偷 xiǎo tōu thief
   偷东西 tōu dōng xi steal things
9. 果然 guǒ rán as expected
10. 聪（聰）cōng acute hearing
    聪明 cōng ming intelligent; bright

第八课　自助餐的菜式很多

最近十几年，上海的变化很大，饮食业也一样。以前，如果你去上海，只能吃到中式饭菜。现在，你去上海，可以吃到世界上各个国家的饭菜，比如：意大利的、法国的、东南亚国家的等等，还可以吃到美国快餐。以前，上海自助餐厅很少，现在多了。

在自助餐厅里，你可以吃自助餐，也可以从菜单上点菜。自助餐的菜

式很多：有烤羊肉、烤猪排、炒猪肉片、三文鱼、寿司、龙虾、生菜沙拉、三明治，还有各式甜品、糕点等等。你想吃多少就可以吃多少。很多青年人和小朋友都喜欢去吃自助餐。

47

(　　　)(1) 以前，上海的饭店只做中式饭菜。

(　　　)(2) 现在，上海只有美国快餐店。

(　　　)(3) 现在上海的自助餐厅还是很少。

(　　　)(4) 在自助餐厅里，你只可以吃自助餐。

(　　　)(5) 自助餐的菜式很多。

(　　　)(6) 很多青年人喜欢吃自助餐。

生词

① zhù 助 help　　zì zhù cān 自助餐 buffet

② yáng 羊 sheep　　yáng ròu 羊肉 lamb; mutton

③ biàn huà 变化 change

④ shí 食 eat; meal; food
yǐn shí yè 饮食业 catering trade

⑤ gè 各 each; every; different
gè gè 各个 each; every; various

⑥ yì dà lì 意大利 Italy

⑦ dōng nán yà 东南亚 Southeast Asia

⑧ kuài cān 快餐 fast food

⑨ tīng 厅 (廳) hall
cān tīng 餐厅 dining hall; restaurant

⑩ dān 单 (單) single; list　　cài dān 菜单 menu

⑪ zhū 猪 (豬) pig　　zhū pái 猪排 pork chop

⑫ sān wén yú 三文鱼 salmon

⑬ shòu 寿 (壽) longevity; life　　shòu sī 寿司 sushi

⑭ lóng xiā 龙虾 lobster

⑮ shēng cài 生菜 lettuce

⑯ shā 沙 sand　　shā lā 沙拉 salad

⑰ zhì 治 rule; cure　　sān míng zhì 三明治 sandwich

⑱ tián 甜 sweet　　tián shí pǐn 甜食 (品) dessert

⑲ gāo diǎn 糕点 cake; pastry

⑳ qīng 青 green; young
qīng nián rén 青年人 young people

1 Match the Chinese with the English.

(1) 猪   (a) chicken

(2) 羊   (b) salmon

(3) 牛   (c) lobster

(4) 鸡   (d) pig

(5) 三文鱼   (e) duck

(6) 鸭   (f) sheep

(7) 龙虾   (g) ox

2 Give the meanings of the following phrases.

(1) 鸭蛋 _____

(2) 三明治 _____

(3) 寿司 _____

(4) 沙拉 _____

(5) 甜品（食）_____

(6) 热狗 _____

(7) 春卷 _____

(8) 面包 _____

3 Say the following items in Chinese.

 (1) jam
 (2) noodles
 (3) yoghurt
 (4) butter

 (5) sugar
 (6) cake
 (7) rice
 (8) potato

 (9) milk
 (10) bread
 (11) fruit
 (12) meat

 (13) coffee
 (14) egg
 (15) juice
 (16) stuffed steamed bun

4 Translation.

(1) 这家自助餐厅有各种各样的
    饭菜。

(2) 他各门课程都学得很好。

(3) 各位家长，现在我们开会。

(4) 各位老师，请坐。

(5) 这家店里有各式各样的衣服。

NOTE

"各" each, every, various, all

(a) 他各科考试都得了 90
    分以上。
    He scored over 90 in all his subjects.

(b) 这家商店卖各种各样
    的东西。
    This shop sells all kinds of stuff.

5 What can they eat? Choose at least three types of food for each person.

1 宋坚不吃肉。
他可以吃什么？

2 唐伟不喜欢吃菜。
他可以吃什么？

3 杨康美不吃鱼。
她可以吃什么？

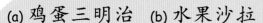

(a) 鸡蛋三明治　(b) 水果沙拉　(c) 烤羊肉

(d) 土豆沙拉　(e) 热狗　(f) 炒青菜

(g) 家常豆腐　(h) 红烧鱼　(i) 鸡汤

(j) 茶叶蛋　(k) 寿司　(l) 红烧猪排

(m) 生鱼片　(n) 花菜炒肉片　(o) 炒大虾

(p) 炒卷心菜　(q) 五香牛肉　(r) 皮蛋

6 CD1 T26 Listen to the recording. Fill in the table with letters.

生日会	
吃 的	喝 的
(1)	(1)
(2)	(2)
(3)	(3)
(4)	(4)
(5)	(5)
(6)	(6)

(a) 三文鱼　(b) 可乐　(c) 虾饺　(d) 牛奶　(e) 水果沙拉

(f) 蛋炒饭　(g) 寿司　(h) 豆奶　(i) 果汁　(j) 土豆沙拉

(k) 桔子汁　(l) 汽水　(m) 春卷　(n) 冰红茶　(o) 意大利面

(p) 三明治　(q) 热狗　(r) 饺子　(s) 冰绿茶　(t) 烤羊肉

7 Answer the following questions.

(1) 你喜欢吃自助餐吗？　　(4) 你有没有吃过寿司？

(2) 你经常吃快餐吗？　　(5) 你有没有吃过北京烤鸭？

(3) 你喜欢吃甜品吗？　　(6) 你有没有吃过印度菜？

(1) 课外活动，谁都可以参加。

(2) 他什么爱好也没有。

(3) 我哪儿都不去。

(4) 你在我家住几天都可以。

(5) 你买多少都可以。

(6) 哪个菜我都不喜欢吃。

NOTE

Question words used as indefinites:

谁　whoever

什么　whatever; anything

哪儿　wherever; anywhere

几／多少　any number (quantity)

哪个　whichever

(a) 我谁也不想见。
I don't want to see anybody.

(b) 吃什么都可以。 I can eat anything.

(c) 我哪儿也不想去。
I don't want to go anywhere.

(d) 你吃多少都可以。
Eat as much as you can.

(e) 哪个电影我都想看。
I don't mind which movie we should watch.

9 | Say the following dishes in Chinese.

(1) home-made bean curd

(2) pork cooked with soy sauce

(3) fish cooked with soy sauce

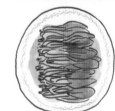
(4) stir-fried green vegetables

(5) roast duck

(6) stir-fried prawns

(7) stir-fried sliced pork

(8) five-spice beef

第三单元　饮食和健康

第九课　市场上的蔬菜、水果非常新鲜

CD1 T27

wǒ jiào táng yà míng　jīn nián shí sān suì　wǒ xiǎo shí hou gēn fù mǔ yì qǐ
我叫唐亚明，今年十三岁。我小时候跟父母一起

zài jiā ná dà zhù guo qī nián
在加拿大住过七年。

zài jiā ná dà shí　wǒ jiā fù jìn yǒu yí ge xīng qī rì shì chǎng　měi
在加拿大时，我家附近有一个星期日市场。每

ge xīng qī rì　wǒ dōu huì gēn mā ma yì qǐ qù nà li mǎi shū cài hé shuǐ guǒ
个星期日，我都会跟妈妈一起去那里买蔬菜和水果。

shì chǎng shang de shū cài　shuǐ guǒ dōu fēi cháng xīn
市场上的蔬菜、水果都非常新

xiān cháng jiàn de shū cài yǒu tǔ dòu　sì jì dòu nán
鲜。常见的蔬菜有土豆、四季豆、南

guā huáng guā juǎn xīn cài cài huā xī hóng shì
瓜、黄瓜、卷心菜、菜花、西红柿、

hú luó bo děng děng shì chǎng shang mài de shuǐ guǒ yǒu
胡萝卜等等。市场上卖的水果有

píng guǒ xī guā lí pú tao xiāng jiāo jú
苹果、西瓜、梨、葡萄、香蕉、桔

zi táo zi lǐ zi cǎo méi děng děng tiān qì
子、桃子、李子、草莓等等。天气

hǎo de shí hou shì chǎng shang de rén zhēn duō hěn rè nao
好的时候，市场上的人真多，很热闹。

True or false?

(　　)(1) 唐亚明的家离星期日市场不远。

(　　)(2) 她喜欢跟妈妈一起去星期日市场买蔬菜、水果。

(　　)(3) 市场上的水果比蔬菜新鲜。

(　　)(4) 市场上不卖西瓜。

(　　)(5) 每个星期日，市场上都有很多人。

生词

1. **shì chǎng** 市场 market
2. **shū** 蔬 vegetables
   shū cài 蔬菜 vegetables
3. **shuǐ guǒ** 水果 fruit
4. **xiān** 鲜 (鮮) fresh; delicious; sea food
   xīn xiān 新鲜 fresh; new
5. **cháng jiàn** 常见 common
6. **tǔ dòu** 土豆 potato
7. **sì jì dòu** 四季豆 kidney bean
8. **guā** 瓜 melon **nán guā** 南瓜 pumpkin
   xī guā 西瓜 watermelon
   huáng guā 黄瓜 cucumber
9. **juǎn xīn cài** 卷心菜 cabbage
10. **cài huā** 菜花 cauliflower
11. **shì** 柿 persimmon
    xī hóng shì 西红柿 tomato

12. **luó** 萝 (蘿) trailing plants
    hú luó bo 胡萝卜 carrot
13. **píng guǒ** 苹果 apple
14. **lí** 梨 pear
15. **pú tao** 葡萄 grape
16. **jiāo** 蕉 broadleaf plants
    xiāng jiāo 香蕉 banana
17. **táo** 桃 peach
    táo zi 桃子 peach
18. **lǐ zi** 李子 plum
19. **cǎo** 草 grass; straw
20. **méi** 莓 certain kinds of berries
    cǎo méi 草莓 strawberry
21. **nào** 闹 (鬧) noisy
    rè nao 热闹 lively; bustling with noise and excitement

1 Match the Chinese with the pictures.

(a) 土豆   (g) 白萝卜

(b) 南瓜   (h) 胡萝卜

(c) 四季豆   (i) 青菜

(d) 冬瓜   (j) 菜花

(e) 黄瓜   (k) 大白菜

(f) 西红柿   (l) 卷心菜

2 Match the Chinese with the pictures.

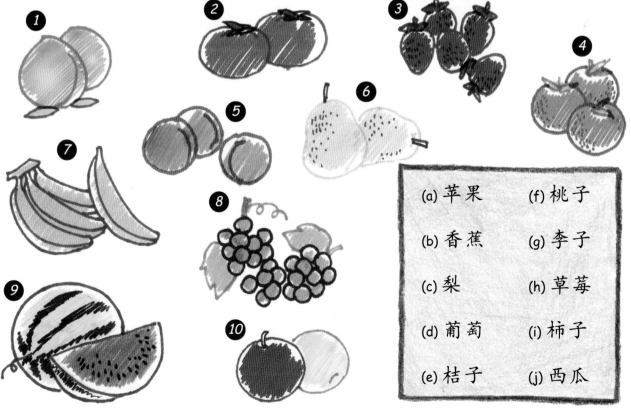

(a) 苹果   (f) 桃子

(b) 香蕉   (g) 李子

(c) 梨   (h) 草莓

(d) 葡萄   (i) 柿子

(e) 桔子   (j) 西瓜

3 Answer the questions in Chinese.

各种水果价目表

苹果 ¥3.40/斤 **1** | **2** 梨 ¥2.00/斤

西瓜 ¥1.90/斤 **3** | **4** 葡萄 ¥5.00/斤

香蕉 ¥2.00/斤 **5** | **6** 桃子 ¥1.20/个

柿子 ¥6.00/四个 **7** | **8** 草莓 ¥8.00/斤

桔子 ¥8.00/四个 **9** | **10** 李子 ¥1.50/斤

(1) 买一斤苹果多少钱？

(2) 买一个十斤的西瓜多少钱？

(3) 买两斤葡萄多少钱？

(4) 买八个桔子多少钱？

(5) 买三斤草莓多少钱？

(6) 买五个桃子多少钱？

(7) 买两斤香蕉多少钱？

4 Make new sentences.

Example

去水果店买桔子。

(a) 市场

(b) 书店

(c) 粥面店

(d) 服装店

(e) 糕饼店

(f) 糖果店

(g) 药房

(h) 水果店

(1) 桔子

(2) 面包

(3) 油条

(4) 香蕉

(5) 蛋糕

(6) 感冒片

(7) 生日卡

(8) 苹果

(9) 英文小说

(10) 土豆

(11) 水果糖

(12) 黄瓜

5 CD1 T28 Listen to the recording. Write down the prices.

蔬菜价格		水果价格	
(1) 青菜	$3.00 / 斤	(1) 苹果	
(2) 毛豆		(2) 梨	
(3) 卷心菜		(3) 桔子	
(4) 胡萝卜		(4) 葡萄	
(5) 西红柿		(5) 西瓜	
(6) 南瓜		(6) 草莓	
(7) 菜花		(7) 桃子	
(8) 黄瓜		(8) 李子	

6 Answer the following questions.

(1) 你早餐一般吃什么?

(2) 你今天早饭吃了什么?

(3) 你昨天晚饭吃了什么?

(4) 你们家晚饭一般吃中餐还是西餐?

(5) 你一星期吃几次快餐?

(6) 你经常去吃自助餐吗?

(7) 你每天都吃水果吗? 你喜欢吃什么水果?

(8) 你喜欢吃蔬菜吗? 你喜欢吃什么蔬菜?

(9) 你喜欢吃肉吗? 喜欢吃什么肉?

水果价目表

梨	¥10.00	/ 4 个
苹 果	¥4.50	/ 斤
葡 萄	¥8.50	/ 斤
西 瓜	¥21.00	/ 个
桔 子	¥10.00	/ 8 个
香 蕉	¥3.00	/ 斤
草 莓	¥20.00	/ 斤
桃 子	¥5.00	/ 斤

店主：您想买什么水果？

王太太：这些苹果怎么卖？

店主：四块五一斤。这些苹果又大又甜，很好吃。

王太太：我买三斤。

店主：十三块五。还要别的吗？

王太太：再来一个西瓜。

店主：一个西瓜二十一块。这种瓜很甜，昨天刚到。

王太太：一共多少钱？

店主：一共三十四块五。

王太太：给你一百块。

店主：找您六十五块五。谢谢。

58

8 CD1 T29 Listen to the recording. Fill in the blanks with letters.

(1) 小东喜欢吃水果，他喜欢吃＿＿＿＿＿＿＿＿。

(2) 李海每天早上吃＿＿＿＿＿＿＿＿。

(3) 江文最喜欢吃蔬菜，她天天吃＿＿＿＿＿＿＿＿。

(4) 王方这几天肚子不太好，一天到晚只能吃＿＿＿＿＿＿＿＿。

(5) 小青最喜欢吃海鲜，不喜欢吃肉，她每天都吃＿＿＿＿＿＿＿＿。

(a)鱼	(b)面条	(c)葡萄	(d)鸡蛋	(e)西红柿	(f)青菜	(g)汤
(h)胡萝卜	(i)大虾	(j)粥	(k)草莓	(l)桃子	(m)梨	(n)油条

9 Interview three of your classmates. Find out what they ate yesterday.

你昨天吃了什么蔬菜、水果？

姓名	苹果	桔子	香蕉	西瓜	梨	李子	胡萝卜	菜花	西红柿	土豆
李平			✓				✓		✓	

你知道吗

■ 正常人的头发一般从40岁开始变白。

■ 一个成人的头发有10万根左右。

■ 一个人的一生中大约要走42.2万公里的路。

阅读（七） 叶公好龙

cóng qián yǒu yí wèi yè gōng　tā shí fēn xǐ ài lóng　tā de fáng jiān li　tā de mén shang
从前有一位叶公，他十分喜爱龙。他的房间里，他的门上、

chuāng shang dōu qǐng rén kè shang le lóng　xuě bái de qiáng shang yě huà le　yì tiáo tiáo jù lóng　tā chuān de
窗上都请人刻上了龙。雪白的墙上也画了一条条巨龙。他穿的

yī fu shang yě dōu xiù shang le lóng　zhù zài fù jìn de rén dōu zhī dao yè gōng hào lóng　tiān shang de
衣服上也都绣上了龙。住在附近的人都知道叶公好龙。天上的

zhēn lóng tīng shuō yǐ hòu　hěn shòu gǎn dòng　qīn zì xià lai kàn kan yè gōng　zhēn lóng xiān lái dào yè
真龙听说以后，很受感动，亲自下来看看叶公。真龙先来到叶

gōng de kè tīng　yòu lái dào yè gōng de shū fáng　yè gōng yí jiàn dao zhēn lóng　xià de liǎn dōu bái
公的客厅，又来到叶公的书房。叶公一见到真龙，吓得脸都白

le　mǎ shàng jiù pǎo le
了，马上就跑了。

生词

1	yè gōng 叶公 Lord Ye yè gōng hào lóng 叶公好龙 professed love of what one does not really understand or even fears		**7**	jù 巨 huge; gigantic	
2	shí fēn 十分 very; extremely		**8**	xiù 绣（繡）embroider	
3	xǐ ài 喜爱 like; love; be fond of		**9**	shòu 受 receive; be subject to	
4	fáng jiān 房间 room		**10**	gǎn dòng 感动 be moved shòu gǎn dòng 受感动 be moved by	
5	chuāng 窗 window		**11**	qīn zì 亲自 in person	
6	xuě bái 雪白 snow-white		**12**	kè tīng 客厅 living room	
			13	shū fáng 书房 study room	
			14	xià 吓（嚇）frighten; scare	

第十课　他最喜欢吃零食

^{wú rán jīn nián bā suì} ^{shàng sān nián jí} ^{tā zhǎng de yòu gāo yòu pàng} ^{tǐ zhòng yǒu}
吴然今年八岁，上三年级。他长得又高又胖，体重有30

^{duō gōng jīn} ^{tā hěn xǐ huan chī dōng xi} ^{shén me dōu chī} ^{tā zuì xǐ huan chī líng shí} ^{tā}
多公斤。他很喜欢吃东西，什么都吃，他最喜欢吃零食。他

^{yì tiān dào wǎn jué de dù zi è}
一天到晚觉得肚子饿。

^{tā zǎo fàn tōng cháng chī yù mǐ piàn} ^{niú nǎi} ^{miàn bāo} ^{xiāng cháng hé shuǐ guǒ} ^{wǔ fàn}
他早饭通常吃玉米片、牛奶、面包、香肠和水果。午饭

^{tā zài xué xiào chú le mǎi hé fàn chī yǐ wài} ^{hái yào chī yí ge huǒ tuǐ nǎi lào sān míng zhì}
他在学校除了买盒饭吃以外，还要吃一个火腿奶酪三明治，

^{hē yí guàn kě lè} ^{wǎn fàn tā bù xǐ huan chī mǐ fàn} ^{chǎo cài} ^{tā xǐ huan chī zhá jī tuǐ}
喝一罐可乐。晚饭他不喜欢吃米饭、炒菜，他喜欢吃炸鸡腿、

^{zhá shǔ tiáo} ^{shuì jiào yǐ qián tā hái yào zài chī yí dà duī líng shí} ^{qiǎo kè lì} ^{bǐng gān} ^{shǔ}
炸薯条。睡觉以前他还要再吃一大堆零食：巧克力、饼干、薯

^{piàn} ^{táng guǒ děng} ^{tā fáng jiān li de líng shí duō jí le} ^{jiù xiàng yí ge xiǎo chāo jí shì chǎng}
片、糖果等。他房间里的零食多极了，就像一个小超级市场。

^{wú rán yuè chī yuè pàng} ^{shēn tǐ yě yuè lái yuè chà le}
吴然越吃越胖，身体也越来越差了。

(1) 吴然最喜欢吃什么？

(4) 他晚饭吃什么？

(2) 他早饭吃什么？

(5) 他喜欢吃的零食有哪些？

(3) 他午饭除了吃盒饭以外，还吃什么？

(6) 他现在身体越来越差，是吗？

生词

1 líng shí
零食 snacks

2 yì tiān dào wǎn
一天到晚 from morning till night

3 yù
玉 jade   yù mǐ
玉米 corn

yù mǐ piàn
玉米片 corn flakes

4 cháng
肠（腸）intestines   xiāng cháng
香肠 sausage

5 hé
盒 box; case   hé fàn
盒饭 box lunch

6 tuǐ
腿 leg; ham   huǒ tuǐ
火腿 ham

jī tuǐ
鸡腿 drumstick

7 lào
酪 thick fruit juice; fruit jelly

nǎi lào
奶酪 cheese

8 guàn
罐 jar; pot; tin; measure word

9 kě kǒu   kě lè
（可口）可乐 coke

10 zhá
炸 deep-fry

11 shǔ
薯 potato; yam   shǔ tiáo
薯条 French fries

shǔ piàn
薯片 crisps; chips

12 qiǎo
巧 skilful; clever

13 kè
克 overcome; gram

qiǎo kè lì
巧克力 chocolate

14 gān
干（乾）dry; dried food

bǐng gān
饼干 biscuit; cracker

15 táng guǒ
糖果 sweets; candy

16 jí
极（極）extreme; pole

jí le
……极了 extremely

17 chāo
超 super-; extra-

chāo jí shì chǎng
超级市场 supermarket

18 yuè
越 jump over

yuè   yuè
越……越…… the more... the more...

yuè lái yuè
越来越…… more and more

19 chà
差 fall short of; wrong; poor

1 Match the Chinese with the pictures.

(a) 香肠　　(b) 火腿

(c) 奶酪　　(d) 炸薯条

(e) 薯片　　(f) 玉米

(g) 巧克力　(h) 玉米片

 1

 2

 3

 4

 5

 6

 7

 8

2 Make dialogues.

Example

A: 一包薯片多少钱？

B: 两块三（毛）。

 一包薯片 $2.30

① 100 克奶酪 $21.00

② 一包香肠 $15.00

③ 一块巧克力 $7.80

④ 一罐青豆 $4.50

⑤ 200 克火腿 $32.00

⑥ 一盒玉米片 $24.50

 你知道吗

■ 一个成人的肠子是他的四个身长。

■ 猪是一种很有用的动物，肉可以吃，皮可以做皮鞋、皮包、皮衣，毛可以做刷子。

3 CD1 T32 Listen to the recording. Fill in the blanks with letters.

(1) 春明早饭通常吃_____, 喝_____。

(2) 唐飞午饭一般吃_____, 喝_____。

(3) 天明晚饭总是吃_____, 喝_____。

(4) 汉生喜欢吃_____, 喝_____。

(5) 张太太每天都要吃_____, 喝_____。

(a) 玉米片	(i) 三明治
(b) 汤	(j) 香蕉
(c) 米饭	(k) 牛奶
(d) 快餐	(l) 冷饮
(e) 炒菜	(m) 面包
(f) 果汁	(n) 鸡腿
(g) 海鲜	(o) 可乐
(h) 汽水	(p) 绿茶

4 Act out the following dialogue.

克明: 你今天中午吃什么?

书文: 我今天带了一个三明治和一个苹果。

克明: 什么三明治?

书文: 火腿奶酪三明治。

克明: 你喜欢吃三明治吗?

书文: 以前我不喜欢, 现在喜欢了。你中午吃什么?

克明: 我? 我从小卖部买盒饭吃。

5 Translation.

(1) 雨越下越大了。

(2) 你明天早点儿来，越早越好。

(3) 你快去找他，越快越好。

(4) 这种牛肉干，越吃越好吃。

(5) 不要再吃了，你越吃越胖了。

(6) 她长得越来越漂亮了。

NOTE

1. "越……越……"

the more... the more...

风越刮越大了。

The wind is picking up force.

2. "越来越……" more and more

天气越来越热了。

It is getting hotter and hotter.

6 Tell the time in Chinese.

Example

六点差十分。

（差十分六点。）

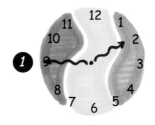

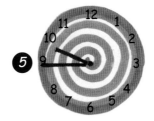

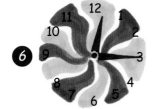

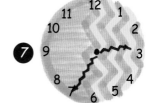

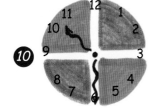

7

(1) 一包薯片 $4.80

(2) 一盒饼干＿＿＿＿

(3) 一盒巧克力＿＿＿＿

(4) 100 克英国奶酪＿＿＿＿

(5) 两罐午餐肉＿＿＿＿

(6) 一包玉米片＿＿＿＿

(7) 200 克火腿肉＿＿＿＿

(8) 一个奶油蛋糕＿＿＿＿

(9) 一公斤鸡腿＿＿＿＿

(10) 一包糖果＿＿＿＿

(11) 一包炸薯条＿＿＿＿

(12) 一盒草莓＿＿＿＿

8

Answer the following questions.

(1) 你早饭吃玉米片吗？

(2) 你们学校的小卖部卖盒饭吗？

(3) 你常吃三明治吗？

(4) 你喜欢吃奶酪吗？

(5) 你常吃罐头食品吗？

(6) 你经常吃薯片吗？

(7) 巧克力你吃得多不多？

(8) 你吃过生鱼片吗？

(9) 你吃过日本寿司吗？

9

Answer the questions.

火腿	￥30.00 / 100 克
奶酪	￥28.00 / 100 克
香肠	￥14.50 / 斤
烤玉米	￥1.30 / 个
烤鸡腿	￥1.5 / 个

(1) 买 200 克火腿要多少钱？

(2) 买半斤香肠多少钱？

(3) 买两个鸡腿多少钱？

(4) 买 100 克奶酪多少钱？

(5) 买三个烤玉米要多少钱？

在学校食堂里。以下是一位学生和服务员的对话：

服务员：你想吃什么？

小英：我想吃3号套餐。

服务员：十八块五。

小英：给你二十块。

服务员：找你一块五。

Task: Make similar dialogues for 小明、文龙、小天。

阅读（八）拔苗助长

CD1 T34

cóng qián　　sòng guó yǒu ge jí xìng zi de nóng mín　　tā zǒng shì jué de tián li de miáo zhǎng
从前，宋国有个急性子的农民，他总是觉得田里的苗长

de tài màn　　tā měi tiān dōu yào qù tián li kàn hǎo jǐ cì　　kàn kan tā de miáo zhǎng gāo le méi
得太慢。他每天都要去田里看好几次，看看他的苗长高了没

yǒu　　kě shì měi cì qù kàn　　tián li de miáo hái shì méi zhǎng gāo　　yǒu yì tiān　　tā xiǎng le
有。可是每次去看，田里的苗还是没长高。有一天，他想了

yí ge bàn fǎ　　wǒ bá yi bá miáo　　miáo bú jiù zhǎng gāo le ma　　yú shì　　tā jiù dòng
一个办法："我拔一拔苗，苗不就长高了吗？"于是，他就动

shǒu bá miáo　　měi yì kē miáo tā dōu bá gāo le yì diǎnr　　tā cóng zhōng wǔ gàn dào wǎn shang
手拔苗。每一棵苗他都拔高了一点儿。他从中午干到晚上，

bá wán le miáo　　zì jǐ yě lèi huài le　　yì huí dào jiā　　tā jiù shuō　　jīn tiān wǒ zhēn lèi
拔完了苗，自己也累坏了。一回到家，他就说："今天我真累。"

ér zi wèn tā　　fù qin　　nǐ wèi shén me zhè me lèi　　nóng mín shuō　　wǒ jīn tiān qù bá
儿子问他："父亲，你为什么这么累？"农民说："我今天去拔

miáo le　　tián li de miáo dōu zhǎng gāo le hěn duō　　ér zi yì tīng　　mǎ shàng pǎo dao tián li
苗了，田里的苗都长高了很多。"儿子一听，马上跑到田里

qù kàn　　tián li suǒ yǒu de miáo dōu yǐ jīng sǐ le
去看，田里所有的苗都已经死了。

生词

bá
1 拔　pull out; pull up

miáo
2 苗　young plant; seedling

bá miáo zhù zhǎng
拔苗助长　spoil things because of a desire for quick success

xìng
3 性　nature; character

jí xìng zi
急性子　an impetuous person

nóng mín
4 农民　farmer; peasant

bàn fǎ
5 办法　way

dòng shǒu
6 动手　start work

kē
7 棵　measure word

lèi
8 累　tired

lèi huài le
累坏了　exhausted

zhè me
9 这么　so; such; like this

CD1 T35

dì sì lèi　yīng gāi shǎo chī
第四类：应该少吃

yóu　táng　qiǎo kè lì　gāo bǐng
油、糖、巧克力、糕饼

dì sān lèi　bù yīng gāi chī
第三类：不应该吃

tài duo
太多

nǎi lào niú nǎi yú ròu
奶酪、牛奶、鱼、肉、

dàn　dòu lèi shí pǐn
蛋、豆类食品

dì èr lèi　kě yǐ duō chī
第二类：可以多吃

shū cài　shuǐ guǒ
蔬菜、水果

dì yī lèi　kě yǐ duō chī
第一类：可以多吃

miàn bāo　miàn tiáo　mǐ fàn
面包、面条、米饭、

yù mǐ
玉米

rén de shēn tǐ xū yào gè zhǒng yíng yǎng　　zhè xiē yíng yǎng yào cóng wǒ men rì cháng de
人的身体需要各种营养。这些营养要从我们日常的

yǐn shí zhōng dé dào
饮食中得到。

wǒ men měi tiān chī de shí wù zhǔ yào yǒu sì dà lèi　dì yī lèi shì zhǔ shí　bāo
我们每天吃的食物主要有四大类。第一类是主食，包

kuò mǐ　miàn　yù mǐ　tǔ dòu děng　zhǔ yào hán yǒu tàn shuǐ huà hé wù　dì èr lèi
括米、面、玉米、土豆等，主要含有碳水化合物。第二类

shì shū cài　shuǐ guǒ　zhǔ yào hán yǒu wéi tā mìng　wéi shēng sù　dì sān lèi shì nǎi
是蔬菜、水果，主要含有维他命（维生素）。第三类是奶

lèi　yú　ròu　dàn děng　zhǔ yào hán yǒu dàn bái zhì　dì sì lèi shì yóu zhá shí pǐn
类、鱼、肉、蛋等，主要含有蛋白质。第四类是油炸食品、

qiǎo kè lì　gāo bǐng děng　yì bān dōu hán yǒu dà liàng de zhī fáng
巧克力、糕饼等，一般都含有大量的脂肪。

yào yǒu jiàn kāng de shēn tǐ　měi tiān chī de shí wù zhōng yīng gāi yǒu tàn shuǐ huà hé
要有健康的身体，每天吃的食物中应该有碳水化合

wù　zhī fáng　xiān wéi　shuǐ　dàn bái zhì　kuàng wù zhì hé wéi tā mìng
物、脂肪、纤维、水、蛋白质、矿物质和维他命。

(　　)(1) 多吃巧克力营养好。

(　　)(2) 蔬菜、水果可以多吃。

(　　)(3) 主食有面包、米饭、玉米等。

(　　)(4) 奶酪是第三类食品。

(　　)(5) 牛肉含有大量蛋白质。

(　　)(6) 炸薯条是第四类食品。

(　　)(7) 应该少吃巧克力、糖果和糕饼。

(　　)(8) 人体需要的营养主要从空气中得到。

 生词

1 需 xū need; require
　需要 xū yào need; want

2 营 (營) yíng seek; operate; camp
　营养 yíng yǎng nutrition

3 得到 dé dào get; receive

4 食物＝食品 shí wù ＝ shí pǐn food

5 主食 zhǔ shí staple food

6 含 hán contain

7 碳 tàn carbon
　碳水化合物 tàn shuǐ huà hé wù carbohydrate

8 维 (維) wéi tie up; maintain

9 命 mìng life; fate
　维他命 wéi tā mìng vitamin

10 素 sù plain; vegetable
　维生素 wéi shēng sù vitamin

11 质 (質) zhì nature; quality
　蛋白质 dàn bái zhì protein

12 糕饼 gāo bǐng cake; pastry

13 大量 dà liàng a large number of; a great quantity

14 脂 zhī fat

15 肪 fáng fat　脂肪 zhī fáng fat

16 健 jiàn healthy; strong
　健康 jiàn kāng health; healthy

17 纤 (纖) xiān fine　纤维 xiān wéi fibre

18 矿 (礦) kuàng mine
　矿物质 kuàng wù zhì mineral

1 Match the Chinese with the English.

(1) 蛋白质   (a) fibre

(2) 维他命（维生素） (b) protein

(3) 碳水化合物   (c) fat

(4) 纤维   (d) mineral

(5) 脂肪   (e) vitamin

(6) 矿物质   (f) carbohydrate

2 Match the Chinese with the English.

(1) 卡路里   (a) dried fruit

(2) 素食   (b) raisin

(3) 干果   (c) calorie

(4) 无花果   (d) vegetarian diet

(5) 葡萄干   (e) chewing gum

(6) 口香糖   (f) fig

3 Finish the following paragraph with the help of the pictures.

宋平早饭吃＿＿＿＿＿＿＿＿＿＿＿，

午饭吃＿＿＿＿＿＿＿＿＿＿＿，

晚饭吃＿＿＿＿＿＿＿＿＿＿＿。

Answer the questions orally by referring to the information given.

肉、鸡、鸭、鱼、蛋、豆、奶酪、牛奶等主要含有蛋白质

玉米、面包、面条、米饭、土豆、红薯等主要含有碳水化合物

黄油、奶油、菜油、花生油、猪油、巧克力等主要含有脂肪

蔬菜、水果、鸡蛋、牛奶、肉、鱼等主要含有维他命

牛奶、酸奶、奶酪、蔬菜、干果、肉、鱼等主要含有矿物质

 (1) 鱼肉主要含有什么？

 (6) 面包主要含有什么？

(2) 胡萝卜主要含有什么？

(7) 奶酪主要含有什么？

 (3) 黄油主要含有什么？

(8) 豆腐主要含有什么？

(4) 鸡蛋主要含有什么？

 (9) 鸡肉主要含有什么？

 (5) 米饭主要含有什么？

(10) 果汁主要含有什么？

5 🎧 Read aloud.

(1) 30 克玉米片含有热量 100 卡路里。

(2) 50 克白面包含有热量 150 卡路里。

(3) 100 克米饭含有热量 100 卡路里。

(4) 100 克桔子含有热量 35 卡路里。

6 Answer the questions.

(1) 你早餐一般吃什么？喝什么？

(2) 你午饭一般吃什么？喝什么？

(3) 你晚饭一般吃什么？喝什么？

(1) 钱康要做巧克力蛋糕，她需要 _____。

(2) 张太太要做生菜沙拉，她需要 _____。

(3) 唐老师要做水果沙拉，她需要 _____。

(4) 方书文要做三明治，他需要 _____。

(5) 李奶奶要包饺子，她需要 _____。

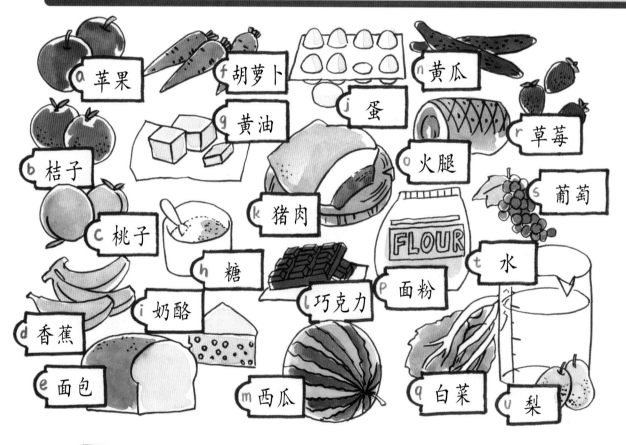

a 苹果　f 胡萝卜　n 黄瓜
g 黄油　j 蛋　r 草莓
b 桔子　o 火腿　s 葡萄
k 猪肉
c 桃子　h 糖　p 面粉　t 水
i 奶酪　l 巧克力
d 香蕉
e 面包　m 西瓜　q 白菜　u 梨

你知道吗

■ 面条是中国人发明的。

■ 世界上人们吃得最多的食物是：土豆、面、米及玉米。

■ 世界上一半的人口以米饭为主食。

阅读（九）　一举两得

CD1 T37

cóng qián　　yǒu yí ge rén zài shān jiǎo xia kàn jian liǎng zhī lǎo hǔ zhèng zài zhēng chī yì tóu sǐ
从前，有一个人在山脚下看见两只老虎正在争吃一头死

niú　zhè ge rén jiù xiǎng shàng qu shā sǐ zhè liǎng zhī hǔ　tā de tóng bàn mǎ shàng shuō　děng yí
牛。这个人就想上去杀死这两只虎。他的同伴马上说："等一

xià　wèi le zhēng chī niú ròu　liǎng zhī lǎo hǔ yí dìng huì dǎ dòu　dǎ dào zuì hòu　yí dìng shì
下！为了争吃牛肉，两只老虎一定会打斗。打到最后，一定是

xiǎo hǔ sǐ　dà hǔ shāng　zhè shí　nǐ zài shàng qu shā sǐ nà zhī shòu shāng de lǎo hǔ　jiù kě
小虎死，大虎伤。这时，你再上去杀死那只受伤的老虎，就可

yǐ tóng shí dé dào liǎng zhī lǎo hǔ　　guǒ rán　liǎng zhī lǎo hǔ zhēn de wèi zhēng chī niú ròu kāi shǐ dǎ
以同时得到两只老虎。"果然，两只老虎真的为争吃牛肉开始打

dòu qǐ lai　zuì hòu　xiǎo hǔ sǐ le　　dà hǔ shāng le　　zhè shí　　zhè ge rén yòng jiàn yí xià
斗起来。最后，小虎死了，大虎伤了。这时，这个人用剑一下

zi shā sǐ le nà zhī shòu shāng de lǎo hǔ　　tā yì jǔ dé dào le liǎng zhī lǎo hǔ
子杀死了那只受伤的老虎。他一举得到了两只老虎。

生词

jǔ
❶ 举（舉）hold up; lift; deed
yì jǔ liǎng dé
一举两得　kill two birds with one stone

shān jiǎo xia
❷ 山脚下　the foot of a hill

hǔ
❸ 虎　tiger
lǎo hǔ
老虎　tiger

zhēng
❹ 争（爭）strive; argue

shā　　　　　　　　　　shā sǐ
❺ 杀（殺）kill; slaughter　杀死　kill

bàn
❻ 伴　companion; partner
tóng bàn
同伴　companion

dìng
❼ 定　surely
yí dìng
一定　surely; certainly

dòu
❽ 斗（鬥）fight
dǎ dòu
打斗　fight

zuì hòu
❾ 最后　finally

shāng
❿ 伤（傷）wound; injury
shòu shāng
受伤　be injured

tóng shí
⓫ 同时　at the same time

jiàn
⓬ 剑（劍）sword

第四单元　买东西

第十二课　大减价的时候商店里很热闹

CD2 T1

yǒu de rén xǐ huan qù dà
有的人喜欢去大

shāng chǎng mǎi dōng xi　yīn wèi dà
商场买东西，因为大

shāng chǎng li　yǒu gè zhǒng gè yàng de
商场里有各种各样的

shāng diàn　yào mǎi de dōng xi　yì
商店，要买的东西一

bān dōu néng mǎi dào　suī rán zhè
般都能买到。虽然这

xiē diàn li de shāng pǐn jià qián bǐ
些店里的商品价钱比

jiào guì　dàn shì zhì liàng dà dōu bǐ jiào hǎo　hái yǒu　rú guǒ nǐ bù xǐ huan nǐ mǎi de dōng xi
较贵，但是质量大都比较好；还有，如果你不喜欢你买的东西

le　hái kě yǐ bǎ tā ná hui qu tuì huàn
了，还可以把它拿回去退换。

yǒu de rén xǐ huan qù xiǎo shāng diàn mǎi dōng xi　yīn wèi xiǎo diàn li de dōng xi yì bān bǐ
有的人喜欢去小商店买东西，因为小店里的东西一般比

jiào pián yi　zhì liàng yě bú cuò　dàn shì xiǎo diàn li chū shòu de shāng pǐn yì bān bù néng tuì huàn
较便宜，质量也不错，但是小店里出售的商品一般不能退换。

dà jiǎn jià de shí hou　shāng diàn li hěn rè nào　gù kè hěn duō　nà shí　diàn li de
大减价的时候，商店里很热闹，顾客很多。那时，店里的

shāng pǐn　yì bān huì dǎ bā zhé huò qī zhé　yě jiù shì shuō dǎ zhé hòu de jià qián bǐ yuán jià pián yi
商品一般会打八折或七折，也就是说打折后的价钱比原价便宜

bǎi fēn zhī èr shí　huò　bǎi fēn zhī sān shí　yǒu de hái huì dǎ liù zhé huò wǔ
20%（百分之二十）或30%（百分之三十），有的还会打六折或五

zhé
折。

rú jīn　rén men mǎi dōng xi shí hěn shǎo fù xiàn jīn huò yòng zhī piào　dà duō yòng xìn yòng kǎ
如今，人们买东西时很少付现金或用支票，大多用信用卡。

True or false?

(　)(1) 大商场里有各种各样的商
店。

(　)(2) 大商场里的东西比较贵。

(　)(3) 人们买东西时通常用支
票。

(　)(4) 从小商店里买的东西
一般不能退。

(　)(5) 百分之八十就是20%。

(　)(6) 很多人喜欢买减价的
东西。

生词

① jiǎn　减 subtract; reduce
jiǎn jià　减价 reduce the price

② shāng diàn　商店 shop; store

③ shāng chǎng　商场 shopping mall

④ gè zhǒng gè yàng　各种各样 all kinds of

⑤ shāng pǐn　商品 goods; commodity

⑥ jiào　较（較）compare; fairly
bǐ jiào　比较 compare; relatively

⑦ guì　贵（貴）expensive; valuable

⑧ zhì liàng　质量 quality

⑨ dà dōu　大都 mostly; largely

⑩ bǎ　把 preposition; measure word

⑪ huàn　换 exchange; change
tuì huàn　退换 exchange a purchase

⑫ pián　便 convenient; informal

⑬ yí　宜 suitable; ought to　pián yi　便宜 cheap

⑭ shòu　售 sell　chū shòu　出售 sell

⑮ gù　顾（顧）attend to; visit　gù kè　顾客 customer

⑯ zhé　折 discount
dǎ bā zhé　打八折 give 20% discount

⑰ jiù shì shuō　就是说 that is to say

⑱ yuán　原 original　yuán jià　原价 original price

⑲ zhī　之 used to connect the modifier and the word modified

bǎi fēn zhī èr shí　百分之二十（20%）twenty percent

⑳ rú jīn　如今 nowadays

㉑ fù　付 pay

㉒ xiàn jīn　现金 cash

㉓ zhī　支 pay or draw money; measure word
zhī piào　支票 cheque

㉔ dà duō　大多 mostly; mainly

㉕ xìn yòng kǎ　信用卡 credit card

1 Say the following in Chinese.

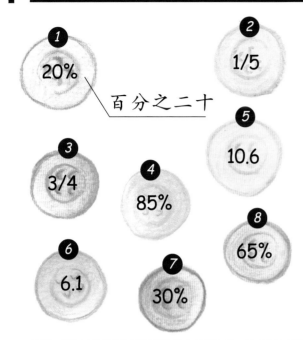

1 20%　百分之二十

2 1/5

3 3/4

4 85%

5 10.6

6 6.1

7 30%

8 65%

NOTE

1. "打九折" give 10% discount

   所有的商品打八折。

   All the goods are discounted by 20%.

2. "20%" 百分之二十

   "1/3" 三分之一

   "9.85" 九点八五

2 Write down the following in Chinese.

(1) 20% off → ___打八折___

(2) 15% off → _____

(3) 25% off → _____

(4) 50% off → _____

(5) 10% off → _____

(6) 35% off → _____

3 Make new dialogues.

Example

原价 ¥ 1,120.00
打八折

A: 这部相机原价
　　多少钱？

B: 1,120 块。

A: 打折后多少钱？

B: 896 块。

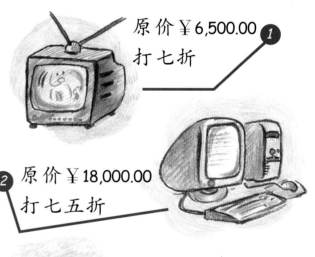

原价 ¥ 6,500.00 **1**
打七折

2 原价 ¥ 18,000.00
打七五折

原价 ¥ 4,500.00 **3**
打九折

4 Study the dialogue below. Make new dialogues.

顾客：这件短袖衫多少钱？

营业员：300块。

顾客：太贵了！便宜一点儿，行吗？

营业员：您说多少？

顾客：200块，行不行？

营业员：不行。250块怎么样？已经很便宜了。

顾客：450块我买两件，怎么样？

营业员：那好吧。

¥300.00

1 ¥78.00

2 ¥20.00

3 ¥66.00

4 ¥95.00

5 Translation.

(1) 我做完作业了。

(2) 我听不见他说什么。

(3) 今天的作业太多，我做不完。

(4) 她在车里，我看见了。

(5) 我找到我的数学书了。

(6) 妹妹找不到她的运动鞋。

(7) 妈妈，我吃完了。

NOTE

Complement of result:

(a) 我找到了我的书包。
I have found my school bag.

(b) 我找不到我的书包。
I cannot find my school bag.

6 CD2 T2 Listen to the recording. Fill in the missing information.

品名	原价	打折	现售价	品名	原价	打折	现售价
❶ 外套			¥80	❹ 西装	¥900		
❷ 呢子大衣	¥750			❺ 套装			¥1,250
❸ 连衣裙		七折		❻ 游泳衣		八折	

80

7 Study the dialogue below. Make new dialogues.

顾客：这套西装多少钱？

营业员：2,900 块。您怎么付钱？

顾客：付现金打折吗？

Ⓐ

营业员：打九折。

顾客：那我就付现金。

Ⓑ

营业员：对不起，不打折。

顾客：那我就用信用卡。

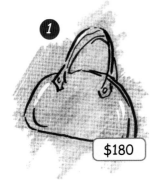

❶ $180

❷ $1,800

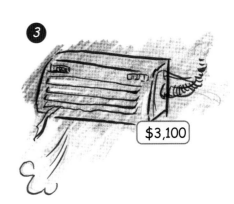

❸ $3,100

8 Change the sentences into "把" structures.

(1) 他骑走了 我的自行车 。

(2) 她做完了 今天的作业 。

(3) 爸爸拿走了 我的书 。

(4) 请你关上 电视机 。

(5) 弟弟喝了 牛奶 。

NOTE

"把" structure emphasizes the aspect of disposed object.

他看完了 书 。

→ 他把书看完了。

He has finished the book.

顾客：这件毛衣我可以试穿吗？

营业员：当然可以。试衣室在那儿。

顾客：这件10号的有点儿小。能不能帮我换一件12号的？

营业员：请等一等，我去拿。

顾客：我就买这件。我可以用信用卡吗？

营业员：可以，不过付现金打九折。

顾客：那我付现金吧。给您1000块。

营业员：找您550块。

1   **2**   **3**

10 Translation.

(1) 汽车开过来了。

(4) 他跑出去了。

(2) 请大家把课本拿出来。

(5) 小弟弟走起来很快。

(3) 她走进来了。

(6) 听了他的话，大家都笑了起来。

NOTE

The complement of directions:

(a) 他上来了。 He is coming up.

(b) 他从房间里走出来了。 He has come out of the room.

More examples:

	上	下	进	出	回	过	起
来	上来	下来	进来	出来	回来	过来	起来
去	上去	下去	进去	出去	回去	过去	

你知道吗

■ 人体重量的 65% 是水。

■ 儿童体重的 4/5 是水。

■ 人的大脑重 1,200 ~ 1,500 克。

■ 人的大脑 80% 是水。

■ 到了中年，50% 的男人和女人会胖。

阅读（十）刻舟求剑

CD2 T3

yì tiān， yǒu ge chǔ guó rén zuò chuán guò jiāng。 chuán dào jiāng xīn shí， tā de bǎo jiàn bù
一天，有个楚国人坐船过江。船到江心时，他的宝剑不

xiǎo xīn diào dao jiāng li le。 tā gǎn kuài yòng dāo zài chuán biān kè le yí ge jì hào。 tā shuō： wǒ
小心掉到江里了。他赶快用刀在船边刻了一个记号。他说："我

de bǎo jiàn jiù shì cóng zhè li diào xia qu de。 chuán dào le àn biān， zhè ge chǔ guó rén mǎ shàng
的宝剑就是从这里掉下去的。"船到了岸边，这个楚国人马上

cóng kè jì hào de dì fang tiào jìn shuǐ li， zhǎo tā de bǎo jiàn。 zhǎo le bàn tiān， shén me yě méi
从刻记号的地方跳进水里，找他的宝剑。找了半天，什么也没

yǒu zhǎo dào。 rén men jiàn tā zhè yàng zuò， jiù shuō： chuán zǒu le， kě shì diào zài jiāng xīn de
有找到。人们见他这样做，就说："船走了，可是掉在江心的

bǎo jiàn méi yǒu dòng。 xiàng tā zhè yàng zhǎo jiàn， zhēn shì tài bèn le。
宝剑没有动。像他这样找剑，真是太笨了。"

 ## 生词

1. qiú 求　beg; request; seek
   kè zhōu qiú jiàn
   刻舟求剑　act without regard to changing circumstances

2. chǔ 楚　clear
   chǔ guó
   楚国　the State of Chu

3. xiǎo xīn 小心　be careful

4. diào 掉　fall; drop; lose

5. gǎn 赶 (趕) catch up with; rush for
   gǎn kuài
   赶快　at once; quickly

6. jì 记 (記) remember; mark; sign
   jì hào
   记号　mark; sign

7. àn 岸　bank; coast; shore
   àn biān
   岸边　bank; shore

8. zhè yàng 这样　so; such; like this

9. bèn 笨　stupid; dull; clumsy

第十三课　我家附近新开了一家便利店

CD2 T4

wǒ jiā fù jìn xīn kāi le yì jiā biàn lì diàn　yì bān de rì yòng pǐn diàn li dōu
我家附近新开了一家便利店，一般的日用品店里都

yǒu　rú guǒ nǐ xū yào yá gāo　yá shuā　kě yǐ qù nà li mǎi　nàr hái yǒu
有。如果你需要牙膏、牙刷，可以去那里买。那儿还有

gè zhǒng wén jù　bǐ rú xiàng pí　qiān bǐ　chǐ zi　liàn xí běn　juǎn bǐ dāo
各种文具，比如橡皮、铅笔、尺子、练习本、卷笔刀、

qiān bǐ hé　rì jì běn　bǐ jì běn děng děng　dāng tiān de bào zhǐ　zuì xīn de zá
铅笔盒、日记本、笔记本等等。当天的报纸、最新的杂

zhì　zài nàr　yě kě yǐ mǎi dào　diàn li hái mài xiàng kuāng　xiàng cè　lǐ pǐn zhǐ
志，在那儿也可以买到。店里还卖相框、相册、礼品纸、

wán jù hé gè zhǒng kǎ piàn　chú le zhè xiē　diàn li hái mài xiān niú nǎi　miàn bāo
玩具和各种卡片。除了这些，店里还卖鲜牛奶、面包、

jī dàn　shuǐ guǒ　bǐng gān děng děng　wèi fù jìn de jū mín dài lái le hěn duō fāng biàn
鸡蛋、水果、饼干等等，为附近的居民带来了很多方便。

85

(　　)(1) 这家便利店是新开的。　(　　)(4) 这家便利店卖日用品。

(　　)(2) 便利店也卖文具。　　　(　　)(5) 便利店卖生日卡。

(　　)(3) 便利店不卖杂志。　　　(　　)(6) 这家便利店不卖鱼、肉。

生词

❶ biàn lì diàn
便利店 convenience store

❷ rì yòng pǐn
日用品 articles of everyday use

❸ gāo
膏 paste; cream　yá gāo
牙膏 toothpaste

❹ nà li
那里 that place; there
nàr
那儿 there; that place

❺ jù
具 utensil; tool　wén jù
文具 stationery
wán jù
玩具 toy

❻ xiàng
橡 rubber tree　xiàng pí
橡皮 rubber

❼ qiān
铅（鉛）lead　qiān bǐ
铅笔 pencil
qiān bǐ hé
铅笔盒 pencil-case

❽ chǐ
尺 1/3 meter; ruler　chǐ zi
尺子 ruler

❾ liàn
练（練）practise
liàn xí běn
练习本 exercise-book

❿ juǎn bǐ dāo
卷笔刀 pencil sharpener

⓫ rì jì
日记 diary　rì jì běn
日记本 diary
bǐ jì běn
笔记本 notebook

⓬ dāng tiān
当天 the same day

⓭ bào
报（報）report; newspaper
bào zhǐ
报纸 newspaper

⓮ zá
杂（雜）miscellaneous

⓯ zhì
志（誌）will; sign
zá zhì
杂志 magazine

⓰ kuāng
框 frame　xiàng kuāng
相框 photo frame

⓱ cè
册 volume　xiàng cè
相册 photo album

⓲ lǐ pǐn zhǐ
礼品纸 wrapping paper

⓳ kǎ piàn
卡片 card

⓴ jū mín
居民 resident

㉑ fāng biàn
方便 convenient

1 Match the Chinese with the pictures.

(a) 药膏
(b) 相框
(c) 橡皮
(d) 相册
(e) 尺子
(f) 钢笔
(g) 字典
(h) 报纸
(i) 杂志
(j) 相机
(k) 铅笔盒
(l) 日记本
(m) 卷笔刀
(n) 练习本
(o) 笔记本

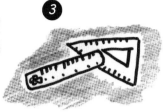

2 (CD2) (T5) **Listen to the recording. Fill in the blanks.**

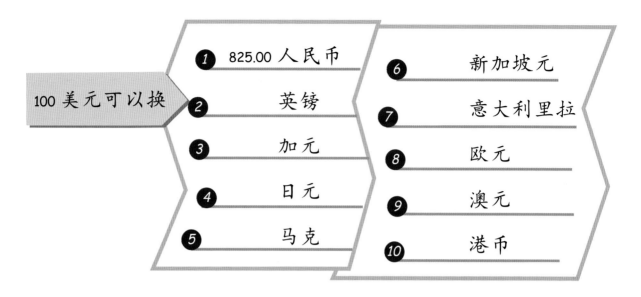

100 美元可以换

1 825.00 人民币

2 _____ 英镑

3 _____ 加元

4 _____ 日元

5 _____ 马克

6 _____ 新加坡元

7 _____ 意大利里拉

8 _____ 欧元

9 _____ 澳元

10 _____ 港币

3 **Finish the following sentences with the words given in the box.**

(1) 刷牙时，你要用_____。

(2) 你应该带_____去上学。

(3) 你要去买东西，就应该带_____。

(4) 做作业时，你要用_____。

(5) 你要看电影，就应该先买_____。

(6) 画画儿时，你需要_____。

(7) 写毛笔字时，你需要_____。

毛笔	书包	本子	橡皮	牙刷	手提包
牙膏	铅笔	墨水	尺子	彩色笔	卷笔刀
现金	钢笔	课本	笔记本	自来水	电影票
纸	钱包	杯子	铅笔盒	练习本	文房四宝

4 🔊 Read aloud. Pay attention to the measure words.

(1) 一支铅笔

(2) 一节电池

(3) 一张报纸

(4) 一本杂志

(5) 一块橡皮

(6) 一把尺子

(7) 一个相框

(8) 一本相册

(9) 一本练习本

(10) 一部相机

(11) 一个铅笔盒

(12) 一本笔记本

5 What did you bring to school today? Finish the sentences.

(1) 今天我书包里有＿＿＿＿＿

＿＿＿＿＿＿＿＿＿＿

＿＿＿＿＿＿＿＿＿＿

＿＿＿＿＿＿＿＿＿＿

(2) 我的铅笔盒里有＿＿＿＿

＿＿＿＿＿＿＿＿＿＿

＿＿＿＿＿＿＿＿＿＿

＿＿＿＿＿＿＿＿＿＿

玩具	直尺	练习本
铅笔	信纸	方格本
校服	毛笔	口香糖
钢笔	课本	三角尺
字典	报纸	图画本
运动服	饭盒	铅笔盒
笔记本	橡皮	日记本
彩色笔	白纸	小册子
运动鞋	纸巾	礼品纸

6

在便利店:

售货员: 你想买什么?

小光: 我买文具。

售货员: 今天所有的文具都打六折。

小光: 那太好了。我要买一块橡皮、两支铅笔、一把尺子、一个文具盒、三本练习本、一本笔记本。一共多少钱?

售货员: 一共65块。你不想买个相框吗?今天相框减价。如果你买一个相框,再多花1块钱,就可以得到一本相册。

售货员

小光: 我正好想买一个相框给同学,她下星期过生日。那我再买一张生日卡。一共多少钱?

售货员: 一共90块。

小光: 给您100块。

售货员: 找你10块。谢谢。

小光

7 CD2 T6 Listen to the recording. Circle the right answer.

(1) 这是一家＿＿＿＿。

(a) 文具店 (b) 服装店 (c) 家具店

(2) 这是一家＿＿＿＿。

(a) 超市 (b) 菜场 (c) 鞋帽店

(3) 这是一家＿＿＿＿。

(a) 童装店 (b) 玩具店 (c) 水果店

(4) 这是一家＿＿＿＿。

(a) 体育用品商店 (b) 时装店
(c) 五金店

(5) 这是一家＿＿＿＿。

(a) 礼品店 (b) 自行车修理店
(c) 西药房

(6) 这是一家＿＿＿＿。

(a) 糕饼店 (b) 饭店 (c) 自助餐厅

8 Interview your classmates. Find out what they have brought in their schoolbags.

你今天书包里带了什么？

姓名	铅笔	钢笔	尺子	橡皮	卷笔刀	彩色笔	记事本	汉语课本
李小文	✓	✓		✓			✓	✓

顾客：这是我前天买的电话机，但是我想退掉，行吗？

营业员：对不起，我们店里减价出售的东西一律不可以退钱。

顾客：那可以换别的东西吗？

营业员：可以。您可以换其它的东西，但是价钱要差不多。

顾客：那我换另一种电话机，我再给你50块。

营业员：好吧。

顾客：谢谢。

营业员：不客气。

❶

❷

阅读（十一）杯弓蛇影

CD2 T7

cóng qián   yǒu ge jiào yuè guǎng de rén   tā de hǎo péng you jīng cháng dào tā jiā lái hē jiǔ
从前，有个叫乐广的人。他的好朋友经常到他家来喝酒。

yǒu yí cì   tā péng you hē guo jiǔ hòu   hěn jiǔ méi yǒu zài lái   yuè guǎng jué de hěn qí guài
有一次，他朋友喝过酒后，很久没有再来。乐广觉得很奇怪，

yú shì jiù qù péng you jiā kàn kan shì zěn me huí shì
于是就去朋友家看看是怎么回事。

yuán lái   tā péng you bìng le   tā shuō shàng cì zài yuè guǎng jiā hē jiǔ shí   hē jìn le
原来，他朋友病了。他说上次在乐广家喝酒时，喝进了

yì tiáo xiǎo shé   suǒ yǐ yì zhí jué de dù zi tòng   yuè guǎng huí dào jiā li   jiù zuò zài tā
一条小蛇，所以一直觉得肚子痛。乐广回到家里，就坐在他

péng you zuò guo de dì fang   dào le yì bēi jiǔ fàng zài zhuō zi shang   tā yí kàn   bēi zi li
朋友坐过的地方，倒了一杯酒放在桌子上。他一看，杯子里

zhēn de yǒu yì tiáo xiǎo shé   tā kàn kan sì zhōu   zài kàn kan jiǔ bēi   fā xiàn bēi zi li de
真的有一条小蛇。他看看四周，再看看酒杯，发现杯子里的

shé   yuán lái shì guà zài qiáng shang de gōng de dào yǐng
"蛇"原来是挂在墙上的弓的倒影。

yuè guǎng mǎ shàng bǎ tā de péng you qǐng lai   ràng tā zuò xia   zài gěi tā dào le yì bēi
乐广马上把他的朋友请来，让他坐下，再给他倒了一杯

jiǔ   rán hòu wèn tā   kàn dao shé le ma   péng you yí kàn   bēi zi li yòu yǒu shé zài
酒，然后问他："看到蛇了吗？"朋友一看，杯子里又有蛇在

dòng   liǎn dōu xià bái le   yuè guǎng zǒu guo qu   bǎ qiáng shang de gōng ná xia lai   zài wèn péng
动，脸都吓白了。乐广走过去，把墙上的弓拿下来，再问朋

you   hái néng kàn dao shé ma   péng you yí kàn   shé méi yǒu le   tā yí xià zi míng bai
友，"还能看到蛇吗？"朋友一看，蛇没有了。他一下子明白

le zhè shì zěn me huí shì   tā de bìng yě lì kè hǎo le
了这是怎么回事，他的病也立刻好了。

生词

① shé
蛇 snake

bēi gōng shé yǐng
杯弓蛇影 be extremely nervous and suspicious

② guài   qí guài
怪 strange   奇怪 strange

③ zěn me huí shì
怎么回事 what happened?

④ yuán lái
原来 as it turns out

⑤ yì zhí
一直 always; straight

⑥ dào
倒 pour; reverse

dào yǐng
倒影 inverted reflection in water

⑦ zhuō   zhuō zi
桌 table; desk   桌子 table; desk

⑧ sì zhōu
四周 all around

⑨ guà
挂（掛）hang; put up

⑩ lì   lì kè
立 stand; set up   立刻 immediately

CD2 T8

hái yǒu sān tiān jiù shì mā ma de shēng ri le　　sòng yí fèn shén me yàng de　lǐ
还有三天就是妈妈的生日了。送一份什么样的礼

wù gěi mā ma　　xiǎo yīng hé gē ge hái méi yǒu xiǎng hǎo　　tā men liǎ fēi cháng zháo jí
物给妈妈，小英和哥哥还没有想好。他们俩非常着急。

xiǎo yīng shuō mā ma de shǒu biǎo jiù le　　yīng gāi qù zhōng biǎo zhuān mài diàn wèi mā
小英说妈妈的手表旧了，应该去钟表专卖店为妈

ma mǎi kuài míng pái biǎo　　gē ge shuō bù xíng　　qián bú gòu　　gē ge rèn wéi zuì hǎo
妈买块名牌表。哥哥说不行，钱不够。哥哥认为最好

gěi mā ma mǎi yì shuāng pí xié　　xiǎo yīng shuō bù xíng　　mǎi xié yí dìng yào shì chuān　tā
给妈妈买一双皮鞋。小英说不行，买鞋一定要试穿。她

hái shuō xiàn zài yǒu yì zhǒng zhēn sī wéi jīn tè bié liú xíng　　shì yì dà lì chū chǎn
还说现在有一种真丝围巾特别流行，是意大利出产

de　　shì hé bù tóng nián líng de
的，适合不同年龄的

nǚ shì　　jià qián yě bú guì　　jiù
女士，价钱也不贵，就

gěi mā ma mǎi tiáo zhēn sī wéi jīn
给妈妈买条真丝围巾

ba　　gē ge tóng yì le　　yòu
吧! 哥哥同意了，又

shuō zài gěi mā ma mǎi yì píng fǎ
说再给妈妈买一瓶法

guó xiāng shuǐ
国香水。

mā ma shēng ri nà tiān
妈妈生日那天，

xiōng mèi liǎ gāo gāo xìng xìng de bǎ
兄妹俩高高兴兴地把

lǐ wù sòng gěi le mā ma
礼物送给了妈妈。

妈妈:

生日快乐

Happy Birthday to you !!!

您的孩子 2001.

For Dear Mum

(   )(1) 妈妈的手表还很新。

(   )(2) 名牌表一般很便宜。

(   )(3) 买鞋时通常不用试穿。

(   )(4) 哥哥想为妈妈买一条围巾。

(   )(5) 妹妹想为妈妈买一瓶香水。

(   )(6) 给妈妈的生日礼物是围巾和香水。

生词

zhēn sī
❶ 真丝 silk

sòng
❷ 送 give as a present; deliver

fèn
❸ 份 share; portion; measure word

lǐ wù
❹ 礼物 gift; present

liǎ
❺ 俩 (倆) two

jiù
❻ 旧 (舊) old; used

zhuān
❼ 专 (專) specialize in; expert

zhuān mài diàn
专卖店 exclusive shop

pái
❽ 牌 plate; brand; cards

míng pái
名牌 famous brand

bù xíng
❾ 不行 won't do; not work

gòu
❿ 够 enough; sufficient

rèn wéi
⓫ 认为 think; consider

shuāng
⓬ 双 (雙) twin; pair (measure word)

tè
⓭ 特 special; very

tè bié
特别 special; especially

chǎn
⓮ 产 (產) give birth to; produce; estate

chū chǎn
出产 produce; manufacture

shì
⓯ 适 (適) fit; suitable

shì hé
适合 fit; suit

líng
⓰ 龄 (齡) age; years

nián líng
年龄 age

tóng yì
⓱ 同意 agree

píng
⓲ 瓶 bottle; measure word

xiāng shuǐ
⓳ 香水 perfume

de
⓴ 地 particle

kuài lè
㉑ 快乐 happy

1 | Match the Chinese with the picture.

(a) 一份礼物

(b) 一双皮鞋

(c) 一瓶香水

(d) 一条真丝围巾

(e) 一块手表

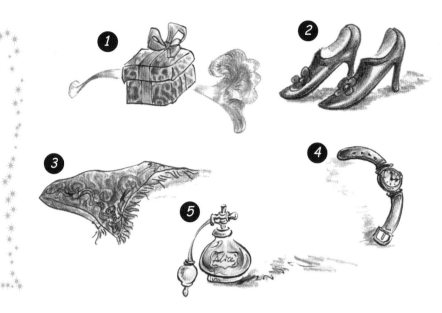

2 | Name the following items in Chinese.

3 CD2 T9 Listen to the recording. Fill in the blanks in Chinese.

situation

张伟住在北京的一家五星级酒店。晚上十一点，他觉得肚子有点儿饿，就打电话给服务员。

张伟：请问，酒店里有没有送饭服务？

服务员：有。您想要点儿什么？

张伟：我想要＿＿＿＿、＿＿＿＿和＿＿＿＿。一共多少钱？

服务员：饭一共是＿＿＿＿块，再加＿＿＿＿服务费，一共＿＿＿＿块。

张伟：什么时候能把饭送来？

服务员：＿＿＿＿＿＿。

(1) 慢 → 慢慢

(2) 矮 → 矮矮

(3) 胖 → 胖胖

(4) 热闹 → 热热闹闹

(5) 团圆 → 团团圆圆

(6) 客气 → 客客气气

(7) 明白 → 明明白白

(8) 急忙 → 急急忙忙

NOTE

1. Some adjectives can be repeated for emphasis.

   高兴 → 高高兴兴 happy

2. "地" a particle, used after an adjective or a phrase to form an adverbial adjunct before the verb.

   兄妹俩高高兴兴地把礼物送给了妈妈。

   The brother and sister happily gave the presents to their mother.

5 Translation.

(1) 他认真地说："我一定要去。"

(2) 他飞快地跑了出去。

(3) 男孩儿生气地说："我不要!"

(4) 他大声地笑了起来。

(5) 她不好意思地告诉我，她数学没及格。

(6) 爸爸着急地说："快走吧!"

(7) 弟弟偷偷地吃了三块蛋糕。

你知道吗

■ 西方很多国家不喜欢"13"这个数字。

■ 中国人不喜欢"四"字，因为"四"的发音很接近"死"字的发音。

■ 中国历史上的皇帝喜欢"9"字。

6 Act out the following dialogue.

1 这条连衣裙很适合您穿。

2 是吗?

3 我们这里还有新到的毛衣。您想看一下吗?

4 我正好也想买毛衣。

5 这件毛衣是英国出产的，质地很好。

6 我不喜欢这种领子的毛衣。

7 我们还有鸡心领和圆领的，但是颜色不一样。

8 那我两件都试一试吧!

9 试衣室在那边。

10 这两件我都很喜欢。

11 那这样吧: 如果您买两件，我可以给您打九折。

7 Rearrange the sentences into dialogues according to the pictures.

①

(a) 对不起，这种牌子的鞋只有这一双了。

(b) 这双鞋太小了，有大一点儿的吗？

(c) 好吧，我试一试。

(d) 这双鞋我穿起来挺舒服的。我就买这双吧！

(e) 您试一下这双吧！这双也是意大利名牌，式样也不错。

(f) 好的。请到那边付钱。

②

(a) 我想试一下这件上衣。

(b) 这件式样挺不错的，有没有别的颜色的？

(c) 小姐，您需要帮忙吗？

(d) 有，我去拿。

100

8 Study the dialogue below. Make new dialogues.

衬衫：15号

营业员：您要买什么？

顾客：我想看看那件衬衫。

营业员：您穿几号的？

顾客：我穿15号的。能试一试吗？

营业员：当然可以。……合适吗？

顾客：太小了！有大一点儿的吗？

营业员：对不起，16号的都卖完了。

顾客：什么时候会有新货？

营业员：下个星期一您再来看看吧！

Task1

便鞋：36 码

Task2

牛仔短裤：10 号

阅读（十二） 对牛弹琴

xiāng chuán yǒu yí wèi xìng gōng de qín shī　　tán qín de　jì qiǎo hěn gāo　　yǒu yì tiān　　gōng xiān sheng
相 传 有 一 位 姓 公 的 琴 师，弹 琴 的 技 巧 很 高。有 一 天，公 先 生

kàn dao yì tóu niú zhèng zài ān ān jìng jìng de chī cǎo　　tā tū rán xiǎng tán yì shǒu qǔ zi gěi zhè tóu niú
看 到 一 头 牛 正 在 安 安 静 静 地 吃 草，他 突 然 想 弹 一 首 曲 子 给 这 头 牛

tīng ting　　yú shì tā jiù gāo xìng de tán le qǐ lai　　tā de qǔ zi tán wán le　　kě shì zhè tóu niú
听 听，于 是 他 就 高 兴 地 弹 了 起 来。他 的 曲 子 弹 完 了，可 是 这 头 牛

hǎo xiàng shén me yě méi yǒu tīng jian　　hái xiàng gāng cái yí yàng ān jìng de chī cǎo　　gōng xiān sheng xiǎng le
好 像 什 么 也 没 有 听 见，还 像 刚 才 一 样 安 静 地 吃 草。公 先 生 想 了

xiǎng　　yòu tán le qǐ lai　　bú guò　　zhè cì tā tán de bú shì yì bān de yuè qǔ　　ér shì mó fǎng
想，又 弹 了 起 来。不 过，这 次 他 弹 的 不 是 一 般 的 乐 曲，而 是 模 仿

xiǎo niú　　chóng zi děng de jiào shēng　tīng dao zhè xiē shēng yīn　　niú yáo le yáo tóu　　dòng le dòng ěr duo
小 牛、虫 子 等 的 叫 声。听 到 这 些 声 音，牛 摇 了 摇 头，动 了 动 耳 朵、

wěi ba　　　hǎo xiàng shì zài tīng gōng xiān sheng tán qín le
尾 巴，好 像 是 在 听 公 先 生 弹 琴 了。

生词

① 对牛弹琴 duì niú tán qín address the wrong audience

② 传 (傳) chuán pass on
　相 传 xiāng chuán according to legend

③ 琴师 qín shī music master

④ 技 jì skill　技巧 jì qiǎo skill

⑤ 静 (靜) jìng still; calm
　安静→安安静静 ān jìng → ān ān jìng jìng quiet

⑥ 曲 qǔ song; tune; melody
　曲子 qǔ zi song; tune
　乐曲 yuè qǔ a piece of music

⑦ 好像 hǎo xiàng seem; be like

⑧ 不过 bú guò but; however

⑨ 而 ér but; yet; while

⑩ 模 mó pattern; imitate

⑪ 仿 (倣) fǎng imitate; be like
　模仿 mó fǎng imitate

⑫ 叫声 jiào shēng noise; cries

⑬ 声音 shēng yīn sound; voice

⑭ 摇 yáo shake; rock

⑮ 尾 wěi tail　尾巴 wěi ba tail

第五单元　居住环境

第十五课　我们要搬家了

CD2 T11

我们要搬家了，搬到一个新的住宅区。这个住宅区的环境真不错，周围有很多花草树木。各种公共设施也比较齐全：有游泳池、网球场、儿童游乐场、青少年活动中心，还有学校、超市、饭店、菜场、医务所等等。我想，在这里生活一定会很方便。

我们的新家在16号楼的第8层，801室。这套住房有三房一厅，也就是说有三间卧室及一间客、餐两用厅。厨房和浴室都挺大的。客厅外面还有一个大阳台。这套房子里，每个房间都有暖气。厨房里有冰箱和洗衣机，卧室里还有床，但是没有其它家具。

楼里的服务很好，有三部自动电梯，还有专人看门。但不太方便的是，楼下没有车库。爸爸新买的那辆汽车得停在公共停车场里。

(　　)(1) 他们是昨天搬的家。

(　　)(2) 新住宅区的环境很好。

(　　)(3) 他们的新家有三室一厅。

(　　)(4) 他们的新家有一个阳台。

(　　)(5) 他们住的楼没有专人看门。

(　　)(6) 爸爸的车就停在楼下车库里。

生词

① bān 搬 move; remove　bān jiā 搬家 move (house)

② zhái 宅 residence; house　zhù zhái 住宅 residence

③ qū 区 (區) district
zhù zhái qū 住宅区 residential district

④ huán 环 (環) ring; hoop

⑤ jìng 境 boundary; area
huán jìng 环境 surroundings; environment

⑥ zhōu wéi 周围 around

⑦ shù 树 (樹) tree

⑧ shè 设 (設) set up

⑨ shī 施 execute　shè shī 设施 facilities

⑩ qí quán 齐全 all in readiness

⑪ ér tóng yóu lè chǎng 儿童游乐场 children's playground

⑫ qīng shào nián huó dòng zhōng xīn 青少年活动中心 youth centre

⑬ yī wù suǒ 医务所 clinic

⑭ wò 卧 lie　wò shì 卧室 bedroom

⑮ chú 厨 (廚) kitchen　chú fáng 厨房 kitchen

⑯ yù 浴 bath; bathe　yù shì 浴室 bathroom

⑰ yáng tái 阳台 balcony

⑱ nuǎn qì 暖气 central heating

⑲ xiāng 箱 box; case; trunk
bīng xiāng 冰箱 refrigerator

⑳ xǐ yī jī 洗衣机 washing machine

㉑ qí tā 其它 other; else

㉒ jiā ju 家具 furniture

㉓ zì dòng 自动 automatic

㉔ tī 梯 ladder; stairs　diàn tī 电梯 lift; elevator

㉕ kù 库 (庫) storehouse　chē kù 车库 garage

㉖ liàng 辆 (輛) measure word (for vehicles)

㉗ děi 得 need; have to

1 Match the room with the words in the box.

(a) 客、餐两用厅

(b) 单人房

(c) 厨房

(d) 主人房（双人房）

(e) 浴室

(f) 阳台

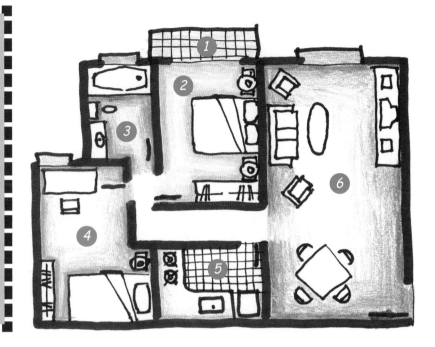

2 CD2 T12 Listen to the recording. Match the descriptions with the room plans.

(1) _____ (2) _____

(3) _____ (4) _____

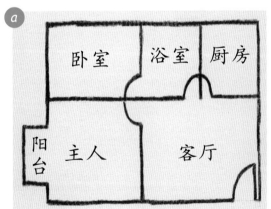

a

| 卧室 | 浴室 | 厨房 |

| 阳台 | 主人 | 客厅 |

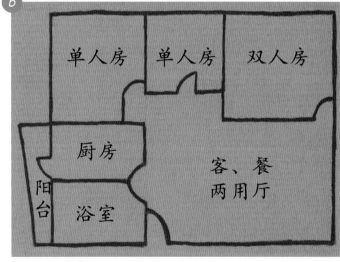

b

| 单人房 | 单人房 | 双人房 |

| 阳台 | 厨房 | 客、餐两用厅 |
| | 浴室 | |

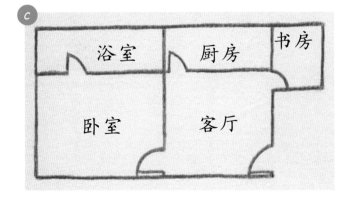

c

| 浴室 | 厨房 | 书房 |

| 卧室 | 客厅 | |

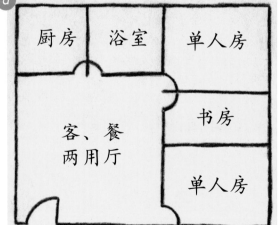

d

| 厨房 | 浴室 | 单人房 |

| 客、餐两用厅 | | 书房 |

| | | 单人房 |

3 Make a dialogue by asking the following questions.

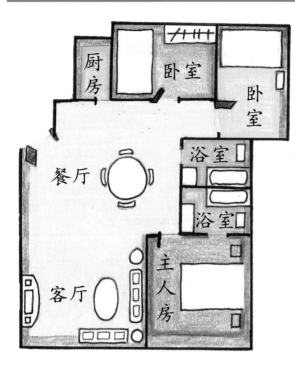

(1) 这套房子有几个卧室？

(2) 有几个浴室？

(3) 哪个房间最大？

(4) 厨房在哪儿？

(5) 这套房子有没有阳台？

(6) 厨房里有没有冰箱和洗衣机？

(7) 哪个房间里有一张双人床？

(8) 客厅里有没有餐桌？

4 Translation.

(1) 你得先把作业做完，再出去玩。

(2) 我没有自行车，得去借一辆。

(3) 家里没有菜了，我得去买一点儿。

(4) 我的表不走了，得去修一下。

(5) 我爸爸要去美国工作了，我们得搬到美国去住。

(6) 我们家的冰箱坏了，得去买一个新的。

NOTE

"得" need; have to

时间不早了，我得走了。

It is getting late, I have to go now.

5 Act out the dialogue below. Make a new dialogue.

服务员：您好!

李先生：请问，有没有空房间?

服务员：有。您要什么样的房间?

李先生：我要一间单人房。

服务员：单人房 700 块一晚。您住几天?

李先生：住四天。

服务员：这个星期客房打九折。您住四天，一共 2,520 块。请问，您付现金还是用信用卡?

李先生：信用卡。

服务员：这是您的房卡和早餐牌，餐厅在二楼。早餐时间是早上 6:30 ~ 9:00，房费已包括早餐。

李先生：谢谢。

TASK

你要租:

- 一间双人房

- $800 ／ 晚，包早餐

- 住五天

- 打八五折

- 用信用卡

6 (CD2) T13 Listen to the recording. Fill in the blanks with the words in the box.

王新最近搬家了。他们搬进了一座两层楼的_____。房前有一个小_____，房后有一个大花园和一个_____。他们的新家有_____：有三间_____，一个_____、一间_____、一个_____、一个_____、两个_____、一个_____，还有一个_____。王新的房间不太大，但是他的房间外面有一个_____。

这是一个高级_____。小区里公共设施齐全，有_____、_____、游泳池、_____、_____、体育馆、商场等等。周围的环境很好，也很方便。

(a) 客厅　　(b) 厕所　　(c) 房子　　(d) 青少年活动中心

(e) 卧室　　(f) 浴室　　(g) 车库　　(h) 五房两厅　　(i) 医务所

(j) 餐厅　　(k) 阳台　　(l) 花园　　(m) 游泳池　　(n) 图书馆

(o) 书房　　(p) 客房　　(q) 厨房　　(r) 住宅区　　(s) 儿童游乐场

7 Describe the layout of the house in Chinese.

这幢房子有两室一厅，

_____

_____

_____

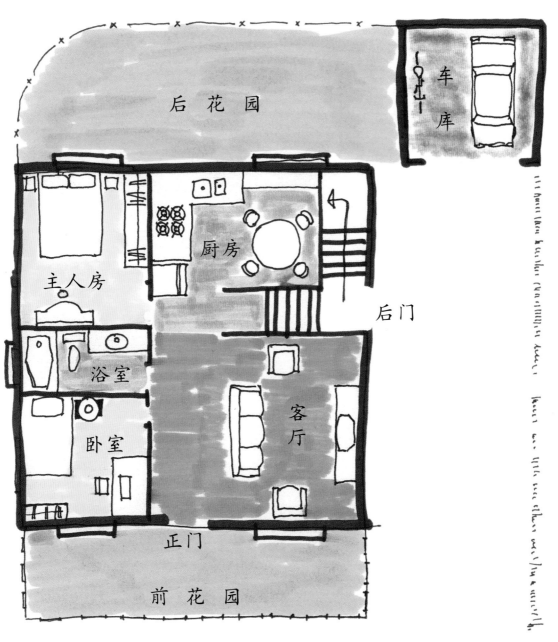

CD2 T14

zài gǔ dài de chǔ guó yǒu yì tiān yí ge guǎn sì miào de rén shǎng gěi tā shǒu xia rén yì
在古代的楚国，有一天，一个管寺庙的人赏给他手下人一

hú jiǔ kě shì rén duō jiǔ shǎo tā men bù zhī dao yīng gāi zěn yàng fēn qí zhōng yǒu yí ge rén
壶酒。可是人多酒少，他们不知道应该怎样分。其中有一个人

jiàn yì shuō měi rén zài dì shang huà yì tiáo shé shuí xiān huà wán jiǔ jiù shì tā de dà
建议说："每人在地上 画一条蛇，谁先画完，酒就是他的。"大

jiā dōu tóng yì zhè ge jiàn yì bǐ sài kāi shǐ le qí zhōng yí ge rén huà de hěn kuài yí huìr
家都同意这个建议。比赛开始了，其中一个人画得很快，一会

jiù huà wán le tā ná guò jiǔ hú kàn kan bié rén hái zài huà yú shì shuō kàn nǐ
儿就画完了。他拿过酒壶，看看别人还在画，于是说："看，你

men zhēn bèn hái méi huà wán ràng wǒ zài gěi shé tiān jǐ zhī jiǎo ba shuō wán tā kāi shǐ
们真笨，还没画完。让我再给蛇添几只脚吧！"说完，他开始

gěi shé huà jiǎo zhè shí yòu yǒu yí ge rén huà wán le tā shuō shé běn lái shì méi yǒu
给蛇画脚。这时，又有一个人画完了。他说："蛇本来是没有

jiǎo de nǐ huà de bú shì shé wǒ dì yī ge huà wán jiù yīng gāi shì wǒ de
脚的，你画的不是蛇。我第一个画完，酒应该是我的。"

 ## 生词

❶	tiān 添 add huà shé tiān zú 画蛇添足 do something entirely unnecessary	❺	hú 壶（壺）kettle; pot; measure word
❷	guǎn 管 pipe; manage	❻	jiàn 建 build; set up; propose
❸	sì 寺 temple sì miào 寺庙 temple	❼	yì 议（議）opinion; view; discuss jiàn yì 建议 suggest; propose
		❾	dà jiā 大家 all; everybody
❹	shǒu xia rén 手下人 subordinate	❿	bié rén 别人 other people
		⓫	běn lái 本来 originally

110

第十六课　我有了自己的房间

CD2 T15

搬到了新家，我最开心了，因为我有了自己的房间，有了我一个人的小天地。

我的房间不大，里面有一张单人床、一个衣柜、一张书桌、一个台灯、一把椅子、一台计算机，还有一个大书架。书架上放着我的各科课本及参考书、词典，还放着好几个相框，里面有我从小到大的照片。对了，房间里还有一台小电视机，这是因为家里添了一部29英寸的大彩电，原来的小电视机就给了我。小电视机本来坏了，后来又被爸爸修好了。我很喜欢这台电视机，因为我看了它好几年了，不但可以看电视节目，而且还可以看录像，很实用。

有自己的房间真好，但有一点不好，那就是我得自己收拾房间，要不然妈妈会一天到晚说我。我真希望有一个机器人帮我收拾房间。

( )(1) 他以前没有自己的房间。

( )(2) 他的房间里只有床和衣柜。

( )(3) 他房间里的电视机也可以放录像。

( )(4) 他们家新买的大彩电现在放在他的房间里。

( )(5) 他不喜欢收拾房间。

( )(6) 有一个机器人帮他收拾房间。

生词

① kāi xīn 开心 feel happy

② tiān dì 天地 world

③ dān rén chuáng 单人床 single bed

④ guì 柜(櫃) cupboard 衣柜 yī guì wardrobe

⑤ shū zhuō 书桌 desk; writing desk

⑥ dēng 灯(燈) lamp; lantern 台灯 tái dēng table lamp

⑦ yǐ 椅 chair 椅子 yǐ zi chair

⑧ jì 计(計) calculate; meter

⑨ suàn 算 calculate 计算机 jì suàn jī computer

⑩ jià 架 shelf; measure word 书架 shū jià bookshelf

⑪ zhe 着 particle

⑫ cān kǎo shū 参考书 reference book

⑬ cí 词(詞) word 词典 cí diǎn dictionary

⑭ zhào 照 shine; photo 照片 zhào piàn photo

⑮ cùn 寸 1/3 decimeter 英寸 yīng cùn inch

⑯ bèi 被 preposition; quilt

⑰ qiě 且 just

不但……，而且…… bú dàn... ér qiě... not only..., but also...

⑱ jié mù 节目 programme

⑲ lù 录(錄) record 录像 lù xiàng video

⑳ shí yòng 实用 practical

㉑ shōu 收 receive; put away; collect

㉒ shí 拾 pick up; collect

收拾 shōu shi put in order; pack

㉓ yào bu rán 要不然 otherwise

㉔ xī 希 hope; rare

㉕ wàng 望 gaze into the distance

希望 xī wàng hope; expect

㉖ qì 器 utensil; ware 机器人 jī qì rén robot

112

1 Match the Chinese with the pictures.

(a) 计算机／电脑

(b) 打印机

(c) 计算器

(d) 14英寸彩电

(e) 冷气机

(f) 手提CD机

(g) 洗衣机

(h) 电冰箱

(i) 照相机

(j) 电话机

(k) 暖气片

(l) 传真机

(m) 录像机

(n) 热水瓶

(o) 收录机

(p) 台灯

(a) 衣柜

(b) 床头柜

(c) 茶几

(d) 沙发

(e) 鞋架

(f) 文件架

(g) 杂志架

(h) 电脑桌

(i) 椅子

(j) 书架

(k) 餐桌、椅

(l) 双人床

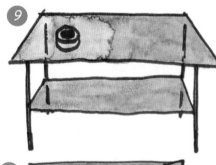

3 Translation.

(1) 练习本上写着我的名字。

(2) 房门开着呢！爸爸在家。

(3) 房子前面停着一辆新车。

(4) 他摇着头说："我不要吃。"

(5) 她的裙子上绣着花。

(6) 妈妈忙着收拾行李，没有时间做饭。

(7) 我喜欢一边听着音乐，一边做功课。

(8) 他戴着帽子、手套和围巾，但是还觉得冷。

(9) 他房间里的灯还亮着呢！他一定还没有睡。

NOTE

"着" a particle, indicates the continuation of an action or a state.

桌子上放着一本书。
There is a book on the table.

4 Describe the picture.

桌子上放着几本书。

(1) 我家的汽车被人偷走了。

(2) 弟弟的牛奶给猫喝了。

(3) 叶公最后叫真龙吓跑了。

(4) 她的钱包在火车上给人偷了。

(5) 我的表被爸爸修好了。

(6) 我的围巾让水冲走了。

(7) 我的红笔让王明借走了。

(8) 他的自行车叫人骑走了。

(9) 我的计算器给人偷走了，
得再买一个。

(10) 我的衬衫叫风吹干了。

NOTE

1. "被" is used to indicate passive voice.

我的自行车被人偷了。
My bicycle is stolen.

2. "叫"、"让"、"给" can also be used to indicate passive voice.

(a) 我的帽子叫风刮走了。
My hat was blown away.

(b) 他的画儿让人买走了。
His painting has been sold.

(c) 今天的饭全给我吃光了。
I finished all the food today.

你知道吗

■ 从2002年1月1日起，欧元开始成为欧洲共同体12个成员国的流通货币。

■ 欧洲的西班牙被人们叫作"斗牛王国"，共有400多个斗牛场，每年要进行数千场的斗牛比赛。

6 CD2 T16 Listen to the recording. Furnish the house with the things in the box.

(a) 书架	(b) 冰箱
(c) 台灯	(d) 书桌
(e) 椅子	(f) 餐桌
(g) 沙发	(h) 鞋柜
(i) 双人床	(j) 床头柜
(k) 洗衣机	(l) 电视机
(m) 冷气机	(n) 单人床
(o) 电脑桌	(p) 打印机
(q) 传真机	(r) 电话机
(s) 大衣柜	(t) 电视机柜

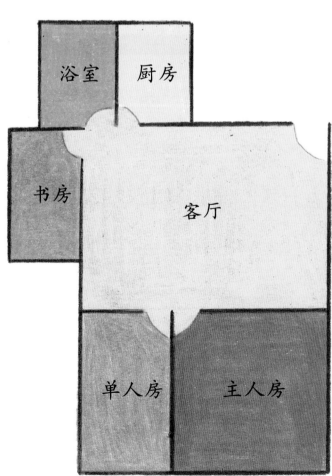

(1) 客厅里有＿＿＿＿＿＿＿。

(2) 主人房里有＿＿＿＿＿＿＿。

(3) 单人房里有＿＿＿＿＿＿＿。

(4) 书房里有＿＿＿＿＿＿＿。

(5) 浴室里有＿＿＿＿＿＿＿。

(6) 厨房里有＿＿＿＿＿＿＿。

7   Translation.

(1) 学习汉语不但要多听、多说，而且还要多看、多写。

(2) 她不但很漂亮，而且很聪明。

(3) 这种衣服穿起来不但好看，而且舒服。

(4) 这种鞋不但穿起来不舒服，而且容易坏。

(5) 他不但会说英语，而且还会说德语和法语。

"不但……，而且……"
not only…, but also…

他不但会打乒乓球，而且还打得很好。
Not only can he play table tennis, but he also plays well.

8   Describe the picture in Chinese.

这是一幢两层楼的
房子。一楼有
_____
_____
_____
_____
_____
_____

阅读（十四）鲁王养鸟

在古代，有一天鲁国国都的郊外飞来了一只特别的海鸟。

老百姓从来没见过这种鸟，所以男、女、老、少都跑到郊外

去看。鲁王听到这件事以后，以为这是一只神鸟，便下令让人

去抓鸟。海鸟被抓到宫里，放在大堂上。鲁王给这只鸟听宫里

最好听的音乐，吃最好吃的饭菜。可是海鸟却吓得不吃也不喝，

三天以后就死了。

生词

1. 鲁（鲁） lǔ stupid; rough; surname
   鲁国 lǔ guó the State of Lu
2. 国都 guó dū national capital
3. 郊 jiāo suburbs; outskirts
   郊外 jiāo wài the countryside around a city
4. 老百姓 lǎo bǎi xìng civilians

5. 神 shén god; supernatural
6. 便 biàn then; as soon as
7. 令 lìng command; cause; season
   下令 xià lìng order
8. 抓 zhuā grab; seize; catch
9. 却（卻） què but; yet

CD2 T18

我的朋友清远最近搬到
了一个新的住宅区。他昨天
打电话来让我去他的新家看
看。他告诉我他家的新地址，
还说去他家交通很方便，不
过他家挺难找的，因为小区
内的许多楼房看上去都一样。

从地铁站出来，我先往
右拐，一直向前走了五分钟，
来到了一个邮局门口。我突
然觉得不对，因为清远说过，

走五分钟后应该看到一家小旅馆。我一定走错方向了。我不
得不往回走。我走回地铁站出口，又接着往前走，走过一家
小旅馆，过了一个十字路口，我觉得这次应该差不多了，可
还是找不到清远的家。我正打算找个人问问，这时，刚好对
面走过来一位警察。我一问才知道我已经走过头了。我再次
回头走，过了一个丁字路口，再往右一拐，清远家住的楼就
在眼前。我总算找到了他的家。

True or false?

(　　)(1) 清远最近搬了家。

(　　)(2) 清远的家离地铁站不远。

(　　)(3) 清远的爸爸开了一家旅馆。

(　　)(4) 清远的家在邮局的隔壁。

(　　)(5) 清远的家挺难找的。

(　　)(6) 最后他找到了清远的家。

生词

1	zǒng suàn 总算 finally	
2	zhǐ 址 location; site	dì zhǐ 地址 address
3	jiāo 交 cross; hand over	jiāo tōng 交通 traffic
4	nèi 内 inner; inside	
5	xǔ 许(許) some; allow	xǔ duō 许多 many
6	zhàn 站 station; stop; stand	dì tiě zhàn 地铁站 underground station
7	wǎng 往 toward	wǎng qián zǒu 往前走 go forward
	wǎng huí zǒu 往回走 go backward	
8	guǎi 拐 turn	wǎng yòu guǎi 往右拐 turn right
9	xiàng 向 direction; turn towards	xiàng qián zǒu 向前走 go forward
10	fāng xiàng 方向 direction	

11	yóu 邮(郵) post; mail	
12	jú 局 office; bureau	yóu zhèng jú 邮(政)局 post office
13	lǚ 旅 travel	lǚ guǎn 旅馆 hotel
14	bù dé bù 不得不 have to	
15	jiē zhe 接着 carry on	
16	shí zì lù kǒu 十字路口 crossroads	
17	dǎ suàn 打算 plan; intend	
18	gāng hǎo 刚好 just; happen to	
19	jǐng 警 alert; warn; alarm	
20	chá 察 examine	jǐng chá 警察 police
21	cái 才 just; only	
22	zài cì 再次 once more	
23	dīng 丁 man	dīng zì lù kǒu 丁字路口 T-junction

1 Match the pictures with the words in the box.

(a) 蔬菜、水果店

(b) 体育用品商店

(c) 旅游服务中心

(d) 超级市场

(e) 公共汽车站

(f) 百货商店

(g) 公共厕所

(h) 音像公司

(i) 市政大楼

(j) 火车站　　(k) 停车场

(l) 服装店　　(m) 邮局

(n) 警察局　　(o) 飞机场

(p) 电影院　　(q) 肉店

(r) 药店　　(s) 礼品店

(t) 旅馆　　(u) 文具店

2 🔊 Read the instructions aloud.

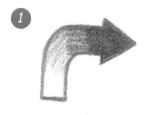
往右拐
（向右转）

往左拐
（向左转）

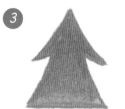
一直往前走
（一直向前走）

往回走

×1
在第一个路口
往右拐

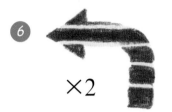
×2
在第二个路口
向左转

看到红绿灯
往右拐

3 Translation.

(1) 我花了三个小时才做完所有的作业。

(2) 他今天早上十点才起床。

(3) 妈妈跑了三家药房才买到这种药。

(4) 他看了地图才发现他走错方向了。

(5) 弟弟四岁才开始说话。

(6) 爸爸昨天晚上12点才睡觉。

"才" is sometimes used to refer to an action which did not or will not happen as quickly as expected, or requires certain conditions.

(a) 我找了半个小时才找到他的家。
It took me half an hour to find his home.

(b) 我一问警察才知道我走过了头。
After I had asked the policeman, I knew that I had walked too far.

1

(1) 去和平医院要坐＿＿＿路车,
(a) 8　(b) 2　(c) 9

(2) 要坐＿＿＿站,
(a) 5　(b) 15　(c) 3

(3) 在＿＿＿下车。
(a) 和平医院　(b) 和平公园
(c) 和平饭店

2

(1) 王小姐要去＿＿＿。
(a) 动物园　(b) 火车站
(c) 飞机场

(2) 她先要坐＿＿＿路车,
(a) 48　(b) 8　(c) 18

(3) 在体育中心换＿＿＿路车,
(a) 27　(b) 17　(c) 7

(4) 她要再坐＿＿＿站。
(a) 5　(b) 3　(c) 6

3

(1) 南平大学在＿＿＿。
(a) 东区　(b) 西区　(c) 市中心

(2) 坐＿＿＿去最快了。
(a) 汽车　(b) 地铁　(c) 出租车

(3) 坐＿＿＿站就到了。
(a) 6　(b) 16　(c) 9

你知道吗

■ 世界上机器人最多的国家是日本, 全球的机器人有半数以上在日本。

■ 1840年, 英国人希尔亲自设计出世界上第一张邮票。后来希尔被人叫作"邮票之父"。

5 Find the places.

向右拐

向前走

向左拐

往回走

C D

广　东　路

F

公园

E

B

A

山　东　路

① 书店在哪儿?

(1) 一直往前走

(2) 在第三个路口往右拐

(3) 过马路就看见书店了

② 银行在哪儿?

(1) 往前走

(2) 在第一个路口往左拐

(3) 一直往前走两分钟

(4) 看见红绿灯过马路

(5) 银行就在你的左边

③ 医院在哪儿?

(1) 往前走

(2) 在第二个十字路口
　　往左拐

(3) 医院在你的左边

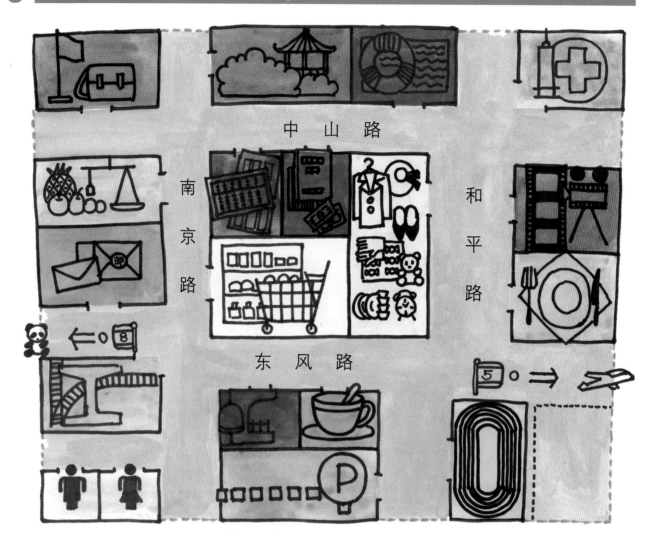

中 山 路

南
京
路

和
平
路

东 风 路

(　　)(1) 光明电影院在美食饭店的
对面。

(　　)(2) 邮局在停车场隔壁。

(　　)(3) 中山公园在南京路上。

(　　)(4) 第一小学在游泳池附近。

(　　)(5) 大兴水果店在超市后面。

(　　)(6) 5路公共汽车去动物园。

(　　)(7) 火车站的对面是厕所。

(　　)(8) 咖啡馆在百货商店附近。

(　　)(9) 和平医院在游泳池旁边。

(　　)(10) 8路公共汽车站在火车站
门口。

7 Study the dialogue below. Make new dialogues.

Example

医院 → 地铁站

去地铁站怎么走?

出了医院大门往右拐,一直往前走。到了十字路口往左拐,再往前走。走过中山路,经过一家银行,地铁站就在左边。

TASKS

(1) 百货公司 → 游泳池

(2) 电影院 → 公共汽车站

(3) 咖啡馆 → 停车场

(4) 图书馆 → 菜市场

(5) 银行 → 邮局

(6) 书店 → 医院

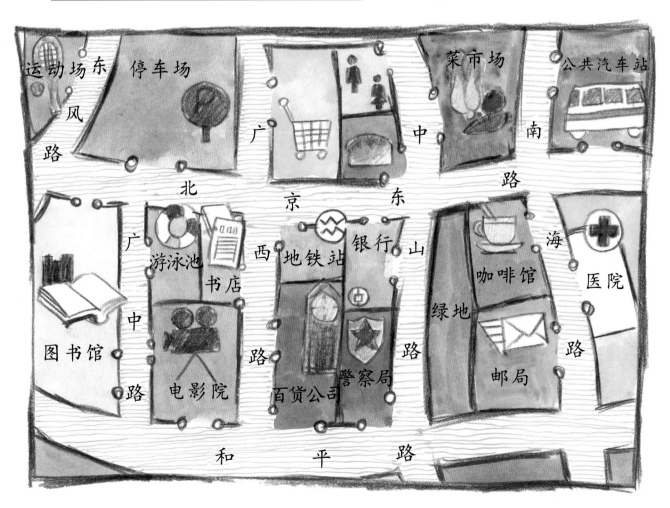

阅读（十五） 齐人偷金

CD2 T20

cóng qián yǒu ge qí guó rén　tā fēi cháng xiǎng dé dào jīn zi　tā bái tiān xiǎng de shì jīn
从前有个齐国人，他非常想得到金子。他白天想的是金

zi　yè li zuò mèng xiǎng de yě shì jīn zi　yǒu yì tiān　tā hěn zǎo jiù qǐ chuáng le　chuān
子，夜里做梦想的也是金子。有一天，他很早就起床了，穿

dài zhěng qí hòu jiù qù le jí shì　tā zǒu jìn yì jiā jīn yín diàn　ná qǐ yí kuài jīn zi jiù
戴整齐后就去了集市。他走进一家金银店，拿起一块金子就

zǒu　méi zǒu duō yuǎn jiù bèi rén zhuā le huí lai　rén men wèn tā　　nǐ ná jīn zi de shí
走。没走多远就被人抓了回来。人们问他："你拿金子的时

hou　diàn li yǒu hěn duō rén　nǐ wèi shén me bú pà ne　　qí guó rén huí dá shuō　　wǒ
候，店里有很多人，你为什么不怕呢？"齐国人回答说："我

ná jīn zi shí　liǎng zhī yǎn jing zhǐ kàn dao jīn zi　gēn běn jiù méi kàn dao páng biān de rén
拿金子时，两只眼睛只看到金子，根本就没看到旁边的人。"

生词

① yè
夜　night; evening

yè li
夜里　at night

② mèng
梦（夢）dream

zuò mèng
做梦　have a dream

③ zhěng
整　whole; full; neat

zhěng qí
整齐　tidy; neat; in good order

④ jí
集　gather; country fair

jí shì
集市　country fair; market

⑤ gēn běn
根本　at all; simply

128